持続可能な社会のための環境教育シリーズ〔10〕

SDGs時代の教育：社会変革のためのESD

荻原　彰／小玉敏也 編著
阿部　治／朝岡幸彦 監修

筑波書房

はじめに

　SDGs（Sustainable Development Goals：持続可能な開発目標）は国内的にも国際的にももっとも重要な政策目標の一つであると考えられており、その中でも教育（目標４）は個々人の意識や行動を規定するものであるだけに17目標すべての基盤と言ってよいだろう。ではSDGs時代の教育はこれまでの教育と何が異なるのだろうか。それはおそらく教育の個々の内容の変化というよりも教育目標の再構成というところにあるだろう。教育は文化の伝達、つまり後継世代が先行世代の蓄積した科学・芸術・規範等を引継ぎ、この社会を維持することを主要な使命としてきた。しかし気候変動問題に象徴されるように、われわれの社会はこれまで歩んできた道をこれまで通りに歩んでいくことはできない。それは破滅への道である。カタストロフを避けるためには、別の道を選ぶ、つまり社会を維持するというよりも社会を変革する必要がある。当然、教育もその一端を担う、というよりも教育の中心的な使命としてSDG s を引き受ける必要がある。

　ESD（Education for Sustainable Development：持続可能な開発のための教育）はSDGs以前から存在し、環境教育、開発教育等を通して持続可能性を促進する教育を総称する概念であり、様々なニュアンスで使われてきた。しかしSDGsの登場以後、ESDはSDGsを教育の場に具体化するものであり、社会変革の使命を持つ教育であるという含意が明確になってきたと言える。副題にある「社会変革のためのESD」にはそのような意図がこめられている。

　「社会変革のためのESD」を推進するために、われわれ著者は４つのステップで進めることを構想した。まず「変革を主導する主体をつくる」ことである。そしてその主体相互の「つながりをつくる」ことによってESDのネットワークを構築し、「拠点をつくる」、つまりネットワークのハブをつくる。さらにネットワークを支え、その永続性を担保する「しくみをつくる」というステップである。本書の各章はおおむねこの４つのステップに対応して記述

されている。ただし大きな枠組みから論じていく方が分かりやすいと考え、論じる順番は「しくみをつくる」から始め、順次、「拠点をつくる」、「つながりをつくる」、「変革を主導する主体をつくる」、そして最後に「展望を切り拓く」としている。

　本書にはもう一つの意味もある。立教大学を2021年3月に退職された阿部治先生（学術書にはなじまないかもしれないが、編者の思いを込めてあえて阿部先生と呼ばせていただきたい）の弟子たちによる退職記念の書籍という意味である。

　巻末資料を見ていただければわかるように、阿部先生は学術・高等教育での環境教育・ESDのリーダーであるのみならず、初等中等教育、自治体、国、国際機関と様々な側面においてきわめて幅広い活躍をされている。学者として業績を残されただけではない。むしろ先生の真骨頂は卓越したビジョンの下、政府やNGO、学術団体等の動きをとりまとめ、方向性を決めていくオーガナイザーという面にあるだろう。先生の存在がなければ、日本の環境教育・ESDは全く異なった姿になっていただろうと思われる。環境教育・ESDの勃興期から現在に至るまで一つの時代を築き上げてこられたのである。

　編者らは筑波大学・立教大学で先生の教えを受け、以後、長きにわたって先生の謦咳に接してきた。初めてお会いした時の先生はまだ20代の若者であったわけだが、その頃から実は先生の印象は変わっていない。自然破壊や社会の不正義・不公正への怒りを語り、この世界を子どもたちへ受け渡す時にはもっと良い世界になってほしいという希望を語り、「世界を変えたい」という熱い思いを一貫して持ち続けてこられた。その思いが上述のような八面六臂の活躍のモチベーションとなったのだろうと感じている。外見は穏やかだが「熱い人」なのである。

　本書の著者は幸運にも先生の教え子という立場に恵まれ、先生の切り拓いてこられた環境教育・ESDの道をそれぞれの専門性に沿って歩んできた。大学、NPO、企業と立場は様々であるが、先生の志を受け継ぎ、深めてきたという自負を持っている。本書の各章を通じて流れるその志も読み取っていた

だければ望外の幸せである。

2022年3月　編者一同

目　次

第1章　コロナ時代をのり超えるSDGs/ESD

荻原　彰

　新型コロナウイルス感染症（以下新型コロナと略する）は世界を激変させ、ほとんどすべての地域・国家の社会・経済に大打撃を与えた。特に発展途上国では、教育への資金投入が不足する状況が新型コロナのパンデミック（世界的流行）以前から続いており、SDGs目標4（すべての人々に包摂的かつ公平で質の高い教育を提供し、生涯学習の機会を促進する）の進捗の遅れが目立っていたところへ今回のパンデミックが直撃した。目標4の達成がさらに遠のくことは確実である。これは多かれ少なかれ先進国についても言える。

　また新型コロナの蔓延を防ぐための措置として学校の休校が世界各国で行われ、やむをえないこととはいえ結果的に教育機会が失われ、教育格差が広がっている。学校外の教育も大幅な縮小を余儀なくされた。たとえば日本では自然学校が存続の危機に直面している。

　一方で新型コロナが引きおこした危機は学校教育の意義、教員の役割といった平常ならば当然視されていることがらを見直すきっかけを与え、議論を喚起したことも事実である。

　以下では新型コロナの教育への影響とそれが巻き起こした議論をSDGs/ESDとの関連に留意して見ていきたい。ただし紙幅の関係で議論する対象は国内の初等中等教育に限定する。

第1節　新型コロナウイルスが引き起こした社会変動と教育

　2019年11月に中国武漢市で確認された新型コロナは中国から急速に世界全域に広がり、WHO（世界保健機関）は2020年3月11日にパンデミック宣言を行った。2021年8月21日時点で世界のコロナ感染者数約2億一千86万人、

死者は441万人に達している[1]。感染防止のため、グレート・ロックダウンと称されるほどの経済活動制限が行われ、2020年の世界の経済成長率はマイナス3.2％に落ち込んだ[2]。「世界は戦後最悪の経済危機に直面」[3]しているのである。日本経済に与えた影響も深刻で、訪日外国人によるインバウンド消費はほぼ消失し、消費も交通・飲食中心に大幅に落ち込んだ、GDPは4.6％の減少となった[4]。企業業績の悪化に伴って失業も急増し、特に非正規雇用者の雇用環境が悪化している。コロナ危機前と比較し世帯収入が減少した世帯は、20年4月以降3割程度で推移し50％以上減少した世帯も1割程度となっており（21年8月時点）、業種による格差も拡大している[5]。

　新型コロナは教育にも「前代未聞の非常事・緊急時」[6]をもたらした。安部首相が2月27日に、3月2日から全国すべての小中高等学校に春休みに入るまでの臨時休校を求め、ほとんどの学校・教育委員会は3月いっぱいの休校措置をとったのである。休校措置は4月以降も延長され、4月以降いったんは新学期を開始した学校もあったが、4月16日に緊急事態宣言が全国に拡大されたことを受けてほとんどの学校が休校に転じ、結局5月末まで3か月にわたる休校が行われたのである[7]。

　休校期間中、児童生徒の生活様式は激変した。学校だけでなく、公園等の遊び場も閉鎖されたり利用制限がかけられ、児童館も多くが閉鎖された。国立成育医療研究センターの高校生以下の子どもとその保護者を対象にした調査によると、子どもが外出や体を使った遊びをする時間は大幅に減少し、パソコンやスマホに費やす時間が増えた。自宅にいなければいけないことにより生活リズムも乱れ、75％以上の子どもが何らかのストレス反応を示している[8]。

　学校の休校は当然教育機会の損失をもたらすが、損失はどの子どもにも一様に現れるわけではない。Alexanderら（2007）は、家庭の社会・経済的地位の違いによる子どもの夏休み期間中の学習の違いが及ぼす長期的影響を分析し、社会・経済的地位の低い層の子どもと高い層の子どもの学力差が夏休みを経過することによって拡大することを明らかにしている。社会・経済的

地位の高い層は、学校が休みの期間中も子どもの学力の保証・向上に向けた措置を講じることが可能だからである。日本においてもこれは同様であろう。今回の３か月にもわたる休校措置は家庭背景による学力格差を広げたことは間違いないと思われる。

　学校間格差も見られる。オンライン教育への移行率は私学が公立校よりも高く、大都市圏は地方よりも高い[9]。教育条件の公私間格差、地域間格差がコロナを媒介として露わになったともいえる。数字として表れているわけではないが、私学の中等学校や中学校・高等学校の一貫校は高校２年で高校３年までの学習範囲を終えている学校も多く、高３の学習が遅れてしまった公立高校との差は大きい。コロナ禍は「誰一人取り残さない」というSDGsの目標が問われた危機であったともいえるだろう。

　６月以降、小中高等学校は再開したが、学習の遅れの取り戻しと標準授業時数確保のため多くの地域で夏休みや学校行事、地域と連携した児童生徒の活動の時間が削られ、土曜授業も行われた。授業自体のスピードも速まった。ある学校では「一緒に学年を組む新卒教諭の教室が気になると言います。小学校２年生だというのに、子どもたちかびくりともせず授業を受けるというのです。楽しそうに笑ったりする場面もほとんどない 。新卒は必死です。三密回避遵守に必死であり、履修に必死です。 その追い詰められ感が、子どもたちにもバシバシ伝わっているのだろう」という光景が見られるという（石川晋、2020）。授業の遅れの回復と三密の回避という要請が子どもや教職員への負荷を大きくしているのである。

　現在（2021年７月現在）、学校は再開し、子どもたちの日常は急に復しつつあるように見える。政府は緊急事態宣言下でも休校は行わないとしている。しかしデルタ株の子どもへの感染は広がっている．また新型コロナウイルスに子どもにも重篤な症状を起こすような変異が万一起これば事態は全く別のものになる。再び長期の全面休校や分散登校といったことにならないとは言えないのである。政府や学校、教育委員会はこのような事態に備えておく必要があるだろう。

第2節　学校の役割の再認識とSDGs/ESD

　学校は次に示すような多面的機能を持っている。

(1)　福祉的機能　朝起きて学校に出かけ、授業や給食、クラブ活動などを行って家に帰ってくるというごく当たり前の日常自体が子どもの生活リズムを作り出す大きな役割を果たしている。学校のスケジュールの中には、食事や登下校を含む運動、遊びといった子どもが健康に生活していくことに不可欠な機能が組み込まれており、それが地域のほぼすべての子どもたちに対して提供されている意味は大きい。また学校給食では、昼食だけとはいえ、不足しがちなたんぱく質やビタミンを補うバランスのとれた食事を提供している。さらに学校は保護者以外の大人（学級担任、養護教諭等）が毎日子どもに目配りし、精神的・肉体的健康を支えている場である。これらの機能は特に貧困などの理由により生活が不安定で保護者が子どもに手をかけることができない家庭、子どもの生活リズムや食事に対して無関心な家庭の子どもに対して重要なセイフティネットとなっている。

(2)　学習の保証　子どもたちが学習指導要領に規定されている教育内容を習得することを保証するため、授業でそれらの内容を扱い、定着を支援する機能である。明示的な学校の機能としてはもっとも強く意識されるものでもある。現代社会はその成員の知的・専門的能力に依存している。初等中等教育はその基礎を培い、あらゆる社会機能の基盤となると同時にすべての人が社会の形成に参画できる機会を提供している。

(3)　つながりの保証　学習の保証に教育関係者の努力が集中したため、やや後景に引いた感はあるが、学校は子どもどうし、子どもと教員、子どもと地域の人々のつながりを構築しそれを基盤として社会性、交流する力をはぐくむ場でもある。学校は「つながりの保証」機能を持っているのである。実は上記の学習の保証機能もそれ単独で成り立つ場合はむしろ

　稀であり、皆が集まって一緒に学ぶという学校の特性に負うところが大きい。教員は、話し合いを活発なものとするため、つまり子どもたちの相互作用を促進するため、あれこれと工夫をこらし、時に地域の人々を教室に招いたり、地域に子どもたちを連れ出したりしている。幼稚園や小学校低学年では子どもと遊ぶことも教員の仕事の一つとなっている。文化祭、遠足、修学旅行等、学校行事とその準備にも、教員と子どもたちは膨大な時間をかけている。これらは、知的発達という意味では夾雑物のように見えるが、あえて行われているのは、人と人とのつながりによって学びに向けた動機づけがおこり、様々な見方・考え方があることが学ばれ、世界をより立体的で奥深いものとしてとらえることができるからに他ならない。また他者との交流は自己を意識する機会を与え、アイデンティティーの確立にも寄与する。「自分は何者であるか」という自分の輪郭は他者との相互作用の中で決まっていく。子どもが自己を確立していくのは、むろん子どもの内に育ちの芽が潜在するからであるが、その芽が発芽し、伸びていくためには人と人との関係性という滋養が必要なのである。

　社会制度としての学校の第一義的役割は「学習の保証」であることはいうまでもない。だからこそ文部科学省（以下文科省と略記）は躍起になってオンライン授業の実施を教育委員会に求めたのだし、「学びを止めるな」というスローガンがメディアに氾濫したのである。しかし、学校は上記の機能を一体的に担うことによって「学習の保証」を行っているのであり、福祉的機能や「つながりの保証」は「学習の保証」のためにも不可欠である。
　「つながりの保証」は福祉的機能や「学習の保証」に比べ、学校の機能として意識されにくいが、今回の休校でオンライン教育に取り組んだ学校の多くが、まず、朝の会などで子どもたちどうし、教員と子どもがつながっていること、スクリーンの向こう側に教員や他の子どもたちがいることを実感させることから始めているのは、「つながりの保証」が「学習の保証」の前提

となっていることに対する教員の実践的な勘があったのだと思われる。「ま
ずはそこから始めよう、そこを経過しないとオンラインが上滑りに終わる」
と教員たちは考えたのではないだろうか。実際、56校の小中高校が参加した
ベネッセによる「生徒の気づきと学びを最大化するプロジェクト」(10) の過
程で「多くの生徒が「先生からの声がけで学びの意欲が高まった」「友達と
のおしゃべりを通じて何かに興味を持ったり、学びの意欲が高まった」と語
り、「こうした生徒の声をふまえ、PJ参加校の先生は、単にオンライン授業
を実施したり、課題を出すのではなく、「教員と生徒がつながるホームルー
ムを実施する」……中略・教員と生徒、生徒どうしの関係性を深め、豊かに
するための工夫を行ってきました。」と報告され、「生徒が深く学んだり、学
び続けるためには「他者とのつながり」が不可欠だということです。」と結
論づけられている。

　「つながりの保証」は福祉的機能にとっても重要である。人と人とのつな
がり（社会関係資本）は心のみならず体の健康も支えていることが多くの研
究で明らかにされている。

　「学習の保証」、福祉的機能、「つながりの保証」は一体的なものであり、
授業にせよ、特別活動にせよ、これらの機能が融合した形で学校は運用され
ているのである。

　このことはSDGs/ESDにとっても示唆的である。学校教育において
SDGs/ESDを進めていくためには、カリキュラムの組み換えにより、持続可
能性を高めていく方向に教育内容全体を組み替えていくことが必要であるが、
それだけでは十分ではない。学びを支える福祉的機能を強化する（これは
SDGs目標3「すべての人に健康と福祉を」実現に直接貢献することでもある）
とともに、SDGs/ESDを支える「つながりの保証」を充実させることが、息
の長いSDGs/ESDにつながるであろう。たとえば「総合的な学習/探求の時間」
を利用して地域の人々と共に防災などの地域の持続可能性を高めていく活動
を行うことは、それ自体の教育的意義があることはもちろんであるが、それ
とともに、SDGs/ESDを支える「人と人とのつながり」を創出し、それが活

動の活性化に跳ね返ってくるという好循環が期待できる。実際、長く SDGs/ESD にかかわる活動を行っている学校（たとえば北九州市曽根東小学校）ではそのような好循環が形成されることによって活動が続いてきているのである。

第3節　履修から修得へ―コロナのひと押し―

　教育課程の実施には2つの考え方がある。一つは一定期間、学校に通い、授業をうけることを進級・卒業の要件とし、内容の修得までは問わない履修主義であり、もう一つは教育課程で扱う内容を修得していることを、試験等におけるパフォーマンスで示すことを要件とする修得主義である。日本の義務教育は、学校教育法施行規則第57条で、各学年の課程の修了や卒業認定は、「児童の平素の成績を評価」して「定めなければならない」とされているので、法的には修得主義の要素も含まれているが、実際には履修主義で運用されている。高等学校においては、単位制であるため、修得主義が原則であるが、実態としては出席日数不足でない限り、ほとんどの生徒が進級・卒業が可能であり、履修主義的要素が大きい。学習指導要領は教員が指導するうえでの最低基準（インプットの基準）にはなっているが、児童生徒のパフォーマンスに対する基準（アウトプットの基準）にはなっていないのである。したがってカリキュラムマネジメントも、いつどの内容にどれだけの時間を配当するかという時間管理であり、学習者の進度は仮想的に一律とみなされていた。しかし2000年代初頭から、学修成果の実質化を求める世界的な教育改革の影響を受けて、教育課程行政は教育の結果（アウトカム）重視に舵を切り始めた。教育手法の面での学校の裁量を広くする一方で、全国学力学習状況調査をはじめ、テストで教育成果を測定し、その結果を指導にフィードバックして指導を改善し、教育効果（ただしテストで測定可能という留保はつく）を高めるという学校経営手法が一般化してきたのである。日本のアウトカム重視の流れは指導の改善という意味が大きく、児童生徒の処遇にまで踏み込ん

でいるわけではない。その意味でただちに修得主義につながるわけではないが、修得主義となじみが良いことは事実である。

　このように修得主義は教育上の主張として一定の影響力を持つようにはなってきたが、履修主義が大きく揺らぐようなことはなかった。しかしコロナによる休校は修得主義の主張をにわかに活気づかせることになる。コロナ禍の下であっても、ICTの利用によりリモートで学習できるという事になると、リアルタイムで授業を受ける必要性が薄れる。オンデマンドで授業を受けても、その記録、学習成果の確認をログに残しておけば、個々人の進捗状況が把握でき、それに応じたフィードバックも可能になる。個々人の知識やスキルに焦点を当てた学習はリモートでも十分可能であろう。むしろ知識・スキルをICTやEdTechにより個別最適化した学びを行えば学びの効率が上がり、「主体的・対話的で深い学び」を実現する時間が捻出できるのではないか。やや単純化してはいるが、以上のような議論が、もともと修得主義へのシフトを要求していた経済団体や経済産業省から提示された。

　文科省も長い休校に対処しなければならないという実務的要請もあり、初等中等教育局は、2020年5月1日、特例とはしながらも「一定の要件を満たす場合には、学校の再開後に再度授業において取り扱わないことができる」[11]、とし、「個人でも実施可能な学習活動の一部をICT等を活用して授業以外の場において行う」[12] ことを認めた。児童生徒の学習成果を、ICTの学習ログ等の何らかの方法によって確認することを前提としながら、学校の裁量により、個人で行う学習への授業内容の振り分けを認めたのである。これは内容によっては、教員が授業で扱うかわりに、児童生徒の修得を確認すればよいことを意味し、修得主義の導入に道を開いたともいえる通知である。さらに6月には初等中等教育局は「新型コロナウイルス感染症が収束した段階」においても「履修主義と修得主義等の考え方を柔軟に併用」[13] することを表明している。これには、文科省自体も、中央教育審議会の場で履修主義、修得主義の議論を積み重ねていたこと、またギガスクール構想の下で個別最適化を教育のあるべき姿として発出（2019年12月文科大臣メッセージ）[14]

18

していたことも影響しているだろう。

　「みんなで同じことを、同じペースで、同じようなやり方で、同質性の高い学年学級制 の中で、出来合いの問いと答えを勉強するシステムは、すでに限界を迎えていた」（苫野一徳、2020）、「今まで長い間旧態依然としていた学校でも、少しずつ「時代遅れな学校文化」の淘汰が始まる気がします」（西郷、2020）など新型コロナによる休校を日本の学校の仕組みや文化を改革する契機ととらえる意見も目だつ。

　青森市では中学校での不登校の子どもたちのオンライン授業への参加率が、74.6％にものぼることが分かり、参加した子供たちへの聞き取り調査を行ったところ、「みんなが登校しないので自分が登校しないことが負担にならない」、「勉強するのは嫌いではない」という意見が多かったという[15]（超教育協会、2020）。教室に集まって授業を受けることをもって教育を受けたとみなす履修主義の原則が不登校の生徒への対応という意味で不合理であり修正が必要なことが新型コロナ休校を契機として顕在化したと言える。

　明治中期以降、義務教育の中に定着し、建前としては修得主義である高等学校でも広く受けいれられている履修主義は、不登校の子どもたちの増加とそれに対応する教育理念の変化（学校に戻る事を必ずしも求めない）、良質な教育資源がウェブ上に大量にみられるようになってきた状況、学びの実質化を求める国際的な流れ、経済界が求める人材育成の要求といった時代の変化の中で、その妥当性が問われ、不満が蓄積していた。新型コロナ休校はもともと存在していた履修主義から修得主義への流れを加速させる触媒となった。コロナのひと押しとでもいうことができる。

　ではこのような流れとSDGsはどのように関連するのだろうか。修得主義を、各教科のカリキュラムを固定する、つまり単一のコースと考えて、そのコース上でどこまで進んでいるかを精緻に測定し、達成の有無を判定してフィードバックするという意味でのみとらえるならば、残念ながらSDGs/ESDを促進することにはならないだろう。このような、いわば硬い教科主義とでもいうべきもの、コース（教科）上での進度・達成にもっぱら注意を払い、コー

ス上での経験とコース外の経験が結びつくところに生成する豊かな知にはあまり関心を払わない修得主義はやや極端なものと思われるが、現実にはこの方向で進んでいく可能性は低くないと私は考えている。

修得主義のカギともいうべき学習履歴や学習達成度の把握という面から考えてみよう。

修得主義がコロナ禍の中で支持を集めているのは、オンライン上では学習履歴の記録が可能であり、要所要所にテストを埋め込んでおけば、学習達成度の把握も容易であることが背景となっている。実際、医学部では臨床実習前にコンピューターを使って行われる全国共用試験（Computer Based Testing、CBT）がすべての大学で行われており、文科省は初等中等教育へのCBTの導入を検討している。すでにPISAでCBTは行われており、技術的な問題は少ない。現在の全国学力学習状況調査（全国学力テスト）にくらべ、結果のフィードバックが速やかで、頻回の実施が可能であり、家でも受験できるなど空間的な制約も少ない。

いいことづくめのようにも思えるが、全国レベルの頻回の調査により、文科省は全国すべての公立校の学級・教科ごとの学習進度と各児童生徒の達成度を細かく把握できることになる。それがフィードバックされれば、校長と教員は全国あるいは都道府県内での学校・学級の自校・自学級の相対的位置に絶えず注目し、学力調査の達成度を向上させる教育に注力し、SDGsのような教科横断的でテストで達成が把握しにくい学びが衰弱することが予想される。教育委員会や首長から見れば教員評価の絶好のデータとなるだけに教員の処遇と連動させる動きが出てくることはほとんど必然である。そうなればますますCBT対策のための教育となっていく循環が成立し、試験のための教育となっていくであろう。たとえ文科省にその意図がなくても、制度は一度動き出せばそれ自体の慣性で動いていくのである。この点について私は文科省主催のシンポジウムで質問した。シンポジウム自体は教育現場の力量向上と「主体的・対話的で深い学び」にかける文科省の熱意を感じさせるものであったが、質問への回答は極めて公式的、いわゆる木で鼻をくくるよう

な官僚的回答であった。内部では検討しているのかもしれないが、大学入試改革の迷走から推し量ると、全く想像が働いていない可能性もある。もしそうだとすれば憂慮すべき事態であろう。

　しかし修得主義が学校や学級、そして個々の子どもの学びの多様性を許容し、知識・スキルの達成よりもむしろコンピテンシー（様々に定義されているが、著名なのは、OECD の DeSeCo プロジェクトによる「コンピテンシーの概念は単なる知識やスキル以上のものであり、特定の文脈の中で、心理的・社会的な資源（技能や態度を含む）を引き出し、活用することにより複雑な要求に応じる能力である」[(16)] という定義に焦点を当てるならば、SDGs の活性化につながるだろう。上記の定義にもあるように、コンピテンシーは文脈の中で作動するものであり、知識やスキルの内容目録ではない。貧困とか自然の劣化という具体の文脈の中で自己や社会の資源を有機的に統合して対処する能力であり、問題解決に焦点化されている。そのようなコンピテンシーは何か実体的なものとして個人の中に存在するのではなく、文脈に応じて生成し、表出されるものである。もちろん何のタネもなく無から生成するわけではない。知識やスキルは当然必要とされるが、大事なのはむしろ自己や自己の属する集団（学級、学校、地域等）の進むべき方向性を他者との対話の中から設定し、そのためにはどのような行動が適切かを同定し、実際に行動を起こしていく力である。そこには「より善き世界とは何か」を考えること、それを巡っての他者との価値観の調整も含まれる。知識やスキルはその中に統合されることによってその真価を発揮するし、逆向きに言えば、コンピテンシーの作動する過程で知識やスキルの獲得がなされていく。

　教育の目標をこのようなコンピテンシーとして考えるならば、学習はプログラムというよりもむしろプロジェクトに近いものになる。共通の一本道を行くのではなく、個人によって、グループによってたどる道が異なってくるし、それに応じて獲得される知識やスキルも微妙に異なってくるだろう。焦点があたるのは共通尺度で測定される達成度ではなく、学習者の成長となる。評価も、ある共通尺度の中に学習者を位置付けるというよりもプロジェクト

の記録を行うポートフォリオと軌道修正のためのフィードバックを主とした
ものになる。共通尺度による評価がなくなるわけではないが、あくまでも評
価の一部であり、相対化される。このような教育は、SDGsとなじみが良い
ことは明らかだろう。SDGsの17目標はプロジェクトの絶好の素材になるし、
地域だとか環境だとか公正だとかといった一筋縄ではいかないものを扱う場
合は、行きつ戻りつ迷いつつといった過程がどうしても必要で、それは個人
によってグループによって異なってこざるを得ない。学習をプログラムに沿
って歩むものではなく、学習者が遂行していくプロジェクトと考えれば異な
った道を歩むことは許容し得るし、むしろアプローチの多様性として推奨さ
れるものにさえなるからである。

　学校教育をこのような意味での修得主義に組み替えていくことは、SDGs/
ESDのような教科横断的な学びの促進という面では望ましいことと考えら
れる。しかし負の側面を持ちうることにも注意を払う必要がある。このよう
な学習においては学習者の自己管理能力と学習へのモチベーションが大きな
意味を持つ。これらは人格的側面を含みこむものであり、家庭教育や親の価
値観が大きな影響力を持つ。日本の学校は、児童生徒の個性を認めない一律
の教育を行っているという批判にさらされてきたが、逆に言えば、一律の教
育を行うことによって階層による文化資本の差をならしてきた側面もある。
上記のような修得主義においてはそのような側面は緩和・消失せざるを得な
いだろう。その時、保護者の階層差がむき出しになり、社会的・経済的地位
の低い家庭の子どもが「分に応じて」（萩生田文科大臣の大学入試改革を巡
る発言）振り分けられ、階層の再生産が起きる可能性もある。それを防ぐた
めには福祉政策も含め、不利な条件にある子どもたちにむしろ教育資源を重
点的に配分するような社会包摂的な教育政策が必要になるだろう。

　このような留保を置いたうえで、コンピテンシーに焦点をおいた修得主義
に緩やかに切り替えていき、その中でSDGsを推進することが必要と考える。

注
（1）NHK：新型コロナウイルス　世界の感染状況、2021、https://www3.nhk.or.jp/news/special/coronavirus/world-data/（2021年 8 月22日最終確認）
（2）国際通貨基金：IMF世界経済見通し、2021 https://www.imf.org/ja/Publications/WEO/Issues/2021/07/27/world-economic-outlook-update-july-2021（2021年 8 月22日最終確認）
（3）経済産業省：通商白書2020、https://www.meti.go.jp/report/tsuhaku2020/2020honbun/i0110000.html（2021年 1 月12日最終確認）
（4）内閣府：統計表（四半期別GDP速報）：https://www.esri.cao.go.jp/jp/sna/data/data_list/sokuhou/files/2020/toukei_2020.html（2021年 8 月22日最終確認）
（5）三菱総合研究所：ウィズコロナ下での世界・日本経済の展望（2020 〜 2021 年度の内外経済見通し）、https://www.mri.co.jp/knowledge/insight/ecooutlook/2021/dia6ou000003if86-att/nr20210817pec_all.pdf（2021年 8 月22日最終確認）
（6）「前代未聞の非常事・緊急時」とは文科省「学校の情報環境整備に関する説明会」で初等中等教育局情報教育・外国語教育課長の髙谷浩樹氏が危機感を露わにして語った言葉
（7）文部科学省：新型コロナウイルス感染症対策のための学校における臨時休業の実施状況について、2020、https://www.mext.go.jp/content/20200513-mxt_kouhou02-000006590_2.pdf（2021年 1 月12日最終確認）
（8）国立成育医療研究センター：コロナ×こどもアンケート 第 1 回調査 報告書、2020、https://www.ncchd.go.jp/center/activity/covid19_kodomo/report/report_01.pdf（2021年 1 月20日最終確認）
（9）内閣府：オンライン教育の重要性と課題、2020、https://www5.cao.go.jp/keizai-shimon/kaigi/minutes/2020/0708/shiryo_01-3_2.pdf（2021年 1 月20日最終確認）
（10）ベネッセ：〈コロナ禍における学校・教員・生徒に何が起こっていたか〉「生徒の気づきと学びを最大化するプロジェクト」活動報告、2020年，https://blog.benesse.ne.jp/bh/ja/news/20200714_release.pdf（2021年 1 月10日最終確認）
（11）文部科学省：新型コロナウイルス感染症対策としての学校の臨時休業に係わる学校運営上の工夫について（通知）、2020年、https://www.mext.go.jp/content/20200501-mext_kouhou02-00000452e_2.pdf
（12）文部科学省：学校の授業における学習活動の重点化に係る留意事項等について（第 2 報）、2020、https://www.mext.go.jp/content/20200717-000007000-mxt_yoiku 01_1.pdf（2021年 1 月25日最終確認）
（13）文部科学省：新型コロナウイルス感染症を踏まえた、初等中等教育における

これからの遠隔・オンライン教育等の在り方について（検討用資料）、2020
https://www.mext.go.jp/content/20200611-mext_syoto02-000007827_4.pdf
（2021年1月25日最終確認）
(14)文部科学省：子供たち一人ひとりに個別最適化され、創造性を育む教育 ICT
環境の実現に向けて〜令和時代のスタンダードとしての1人1台端末環境〜
《文部科学大臣メッセージ、2019》、https://www.mext.go.jp/
content/20191225-mxt_syoto01_000003278_03.pdf　（2021年1月25日最終確認）
(15)超教育協会：遠隔授業が不登校の子どもにどう影響をもたらしたか第11回オ
ンラインシンポ「青森市教育長に聞く〜不登校の子どもたちへの対応につい
て」、2020　https://lot.or.jp/project/2371/（2021年1月28日最終確認）
(16)OECD DeSeCo: THE DEFINITION AND SELECTION OF KEY
COMPETENCIES Executive Summary, https://www.oecd.org/
pisa/35070367.pdf　（2021年2月1日最終確認）

引用文献

石川晋「改めて人が集まり、学ぶことの意味は」、『ポストコロナの学校を描く』、
2020年、24 〜 32ページ、教育開発研究所
苫野一徳「コロナショックで問われる学校・教師の存在意義」、『ポスト・コロナ
ショックで教師が考えておきたいこと』、2020年、東洋館出版
西郷孝彦「｜楽しい｜ 学校をつくろう」、『ポスト・コロナの学校を描く』、2020年、
教育開発研究所
Alexander, K. L., Entwisle,D.R. and Olson,L.S.: Lasting Consequences of the
Summer Learning Gap, AMERICAN SOCIOLOGICAL REVIEW, 2007, VOL. 72
（April）, 167-180

第1部　しくみをつくる

第2章 環境政策からみた環境教育/ESD

高橋 正弘

第1節 はじめに

　環境教育を政策から分析する場合、大枠では教育政策としての方向性と、環境政策としての方向性が考えられる。そしてその政策も、国際的なレベルの政策と、国のレベルの政策と、自治体レベルの政策といったように、いくつかの層に分かれる。環境教育の重要性について指摘している阿部（1993）は、「環境教育は行政のみに責任を帰すものではないことは言うまでもないが、一人一人の市民と直接かかわる行政であることから、自治体における環境教育の成否が……（中略）……大きな影響を持っていることは間違いない」と、環境教育の展開には、自治体レベルでの行政による施策とその典拠となる政策が重要であることを指摘している。環境教育を構想するような政策の場合には、教育政策と環境政策が重要となってくる。教育政策の重要性もさることながら、本章では、環境政策としての環境教育について、その立ち位置をまず確認し、そこから具体的な環境政策に盛り込まれるようになった環境教育を整理しながら、環境教育がESDとして発展していったプロセスについて触れ、今後の環境教育の方向性が環境政策とどう関係するかについて明らかにしていきたい。

　環境政策とは、「一般的には環境保全に関する政府の方針や施策として定義づけられる」（竹本、2020）とされているように、政府が定める方針もしくは施策とも読み替えることが可能である。つまり環境政策というものは、ある時点での環境問題への対処のあり方を示したものであるとともに、それが制定された時の政府もしくは行政といった政策決定者の意向を踏まえたも

のである、という点を把握しておくことが重要である。ともすると環境政策というものは、環境保全に向けて多くの関係者によってコンセンサスが得られたり合意されたりしたひとつの文書である、とみなされることもあるが、政策それ自体は政策決定を行うことができる立場にある人々によって、ある一定のプロセスを経て制定されたものである。つまりどのような形式であれ、環境政策にはそのような政策決定を行い得る人々の意向や意志が反映されているということになる。したがって環境政策としての環境教育を分析するには、社会における共通した、もしくは一般的な意志というよりは、ある極めて限定的なセクターの意思や意向に注目することが必要となってくる。そしてそれは国家といったものの意思、もしくは地方公共団体の意志、というものになるかもしれない。いずれにしても必ずある立場にあるセクターの見方にもとづく意志、というものの存在について、ここできちんと把握しておく必要があろう。

　このことはつまり、例えばある環境課題を扱う環境教育を企画する際に、環境教育を構想し実践する立場である者が、それに関する特定の環境政策の方針を踏まえた環境教育を行うことを企図するとしたら、それはその環境政策の政策決定者の意志というものが環境教育の中で尊重されるとか反映されるといったことになるのである。もちろん、政策決定者が環境政策を決定しているという事実自体を批判しているということではない。政策決定者がある環境政策を決定しなければならなかった際の環境課題の状況と今後の見通し、というものを改めて確認しておくことは、具体的な環境教育を構想し組み立てる際に必須の作業となるべきであるという意味である。そして政策決定者がどのような情報と判断を尊重したのかという意思決定のメカニズムは、それがそのまま環境教育として扱う材料にもなり得るのである。

　ただし環境教育は、環境政策に特権的に寄り添っていればよいだけのものではないのは当然である。環境の面からの社会変革という課題が環境教育に備わっていると考えるならば、規定の枠組みを大幅に超えたり、いわゆるパラダイムシフトといわれたりするような大転換ということを希求していくと

いった価値観もが環境教育には含まれることになる。そうすると、環境教育は既存の環境政策の方針を踏襲していれば良いわけではなく、環境政策の内容やそれが環境課題をどう理解しどのように解決していこうとしているかを踏まえた環境教育の方向性を打ち立てなければならなくなる。つまり環境教育を構想する際には、環境政策を十分吟味しよく理解をしておかなければならない、簡単に整理するとそういうことになるのである。

第2節　環境政策および環境行政が注目した環境教育

　公害という環境問題を経験し、また急速な国土開発のプロセスで自然の破壊を引き起こした日本国内で、環境行政が誕生するようになった。そしてその環境行政は、ある時から環境教育に注目するようになった。そのことで持たれるであろう疑問は、なぜ誕生した環境行政が環境教育という形式の意識啓発に注目したのであろうかということである。それはおそらく、環境行政を主導する政府や行政は、政策を制定して、汚染や破壊の低減や改善を目指し、かつ環境保護へと方向性を設定し直すに際して、一般の人々、いわゆる大衆からの支持と協力が必要であると理解していたからであると考えられる。そこでは環境教育は、ある環境政策の意図や価値観を一般のひとびとに伝達し、その内容の履行を（それが実体を伴うものであるか精神的なものであるかを問わず）求めるためのものとして、まず環境教育は受け取られ構想されたのである。

　環境教育はもちろん環境を守るためのものとして誕生したのであるが、日本国内で環境教育が一部の人々の中で広く有用視され始めるようになる1970年前後には、国内は環境についてのさまざまな問題が頻発している状況にあった。各地で多発的に問題となってきた公害や、開発に伴う自然の破壊とそれへの異議としての自然保護運動など、1960年代から1970年代は環境問題への対処という課題にある意味はじめて日本が直面した時期であった。そしてそういった課題への取り組みと同時に、課題の存在にいち早く気が付き、草

の根型の運動を開始したいわゆるボトムアップの環境保全運動の中で、環境教育は構想され実践されるようになってきた、という一面がある。しかし環境政策が法律や政策などとして成立するようになって、その中に環境教育の意図が書き込まれ構想されるようになり、環境教育はその環境政策が志向する方向性に、人々の行動や選択を誘導するための意識啓発として企図されるようになり、環境政策のソフト面を環境教育が担うことになった、ということになるのである。

第3節　日本の環境政策にみられる環境意識啓発の企図

　日本の環境政策の中で環境教育の促進や振興に寄与が深かったのは、筆者としては公害対策基本法、環境基本法、そして環境教育等促進法（旧環境教育推進法）の3つであったと考えている。そこでこれら3つの環境政策が環境教育や環境意識の啓発に果たした役割について、以下で簡単に整理をしておきたい。

1　公害対策基本法

　日本の環境教育の萌芽期に、実践と報告が多く行われたのは公害教育であった。公害教育は、環境教育事典（2013）の記述によると「激甚であった日本の公害の発生を起点として、日本独自の教育として成立した教育運動および教育思潮」を指すものである。この定義にしたがえば、実践の一側面のみを公害教育と呼ぶのではなく、公害をとりまくさまざまな人々の思惑の発現として教育上の取り組みや教育思想が構想されたものを、すべて公害教育と呼ぶことができる。公害反対運動は、政府の側が率先して行ったものではなく、ある意味公害という事象について地域で紛争が発生し、その際に被害を訴える側からの生活防衛的な意図もしくはまったくその反面で加害側への異議申し立ての一環として行われるようになったものであるから、そのプロセスの中で公害教育が登場してきたことは、十分意味があると考えられる。

　公害教育が未整備であった段階から最終的に公害教育が制度化されていくまでのプロセスは、以下のように整理されている（高橋、2013）。

① 　公害問題の発生当初、政府には公害を一括に扱う中央の行政府がなく、公害対策の策定には依然として消極的であった。

② 　公害の深刻化に伴って被害を受けている住民が、公害反対の住民運動を組織し、公害対策を要求するようになった。

③ 　公害反対の住民運動から刺激を受けた政府は、公害対策が必要であるという認識を高め、環境政策の整備を開始した。

④ 　住民運動を通じて、教育界においても公害に対する取り組みや公害教育が必要であるという認識が高まり、萌芽的な公害教育実践が開始された。

⑤ 　政府による公害対策の確立が進み、教育行政も学習指導要領の修正を行い、学校教育における公害教育の制度化が行われた。

　このプロセスの⑤において「政府による公害対策の確立が進み」というところが、以下で述べる1967年の公害対策基本法の制定から1970の公害対策基本法の改定作業までの期間にあたる。

　環境政策は政策決定者の意志があるわけであるから、公害に係る対策にも、政策決定者の意志があると認めることができる。そこで公害政策として成立した法律において、環境教育がどのように把握されているかを見ておこう。

　1967年に制定された公害対策基本法は、「事業者、国及び地方公共団体の公害の防止に関する責務を明らかにし、並びに公害の防止に関する施策の基本となる事項を定めることにより、公害対策の総合的推進を図り、もつて国民の健康を保護するとともに、生活環境を保全すること」を「目的」として制定された法律であり、全体が4章、30カ条で構成されている。その公害対策基本法の第十六条で、「政府は、公害に関する知識の普及を図るとともに、公害の防止の思想を高めるように努めなければならない。」と述べられていて、これが公害教育、すなわち環境教育の趣旨としてこの環境政策で取り上げられているものである。

　留意すべきは、「公害に関する知識の普及を図る」ように「務める」のは「政

府」であるとしていることである。前述の公害教育が制度化されていくまでのプロセスの当初の①の段階では、政府は「公害対策には依然として消極的であった」わけであり、その消極性が公害問題の拡大や深刻化を許してしまったということにより、まさしく政府の側に公害教育を推進することが努力義務ではあるが明記されたことは重要である。この時、公害教育が制度化し、国として公害教育をすすめるという、いわゆる環境政策としての環境教育の萌芽が登場することとなったのである。そういった意味では、公害対策基本法の16条は、環境教育の原典として極めて重要な環境政策であると言える。

2　環境基本法

　環境基本法は、公害対策基本法と、自然環境保全法の一部の趣旨を統合して、1993年に制定された法律であり、日本国内では環境に関するすべての法律の最上位に位置する法律として、今日においてはもっとも中心的な環境政策の根幹となっている。従来の公害対策とか自然環境保全といった法の枠組みでは、いわゆる大量生産・大量消費・大量廃棄型社会という社会経済体制の転換を図ることができず、都市型・生活型公害への対処やいわゆる地球温暖化問題への対応が困難であるという合意に基づき、制定された基本法である。

　環境基本法が制定される前の段階の環境教育については、「特に1980年代以降、環境行政の場において、家庭廃棄物の増加や家庭排水による水質汚染の悪化などを理由に市民に対する普及啓発の必要性が高まり、自治体によるパンフレットやポスターの作成、各種イベントなどが実施されてきた」（阿部、2002）という状況にあって、これらの実践の積み重ねに、前項の公害教育の経験が重なって、環境基本法での環境教育を準備したのである。

　この環境基本法は、全体が46条（附則の前まで）で構成されており、そのうち環境教育に係る条文は、「環境の保全に関する教育、学習等」と示されている第25条である。そこでは、「国は、環境の保全に関する教育及び学習の振興並びに環境の保全に関する広報活動の充実により事業者及び国民が環

境の保全についての理解を深めるとともにこれらの者の環境の保全に関する
活動を行う意欲が増進されるようにするため、必要な措置を講ずるものとす
る。」とされており、環境教育について環境政策として取り組むことの方針
が明確に述べられている。阿部（2002）も、「環境教育・環境学習の振興（第
26条）と情報提供（第27条）が明文化されたことにより、環境教育が主要な
環境政策の一つとして位置づけられることになった」と評価している。とり
わけ環境基本法の中で重要である点は、「国の責務」として環境教育を実施
することとしているとともに、環境教育を実施しようとする民間団体に対す
る支援を行うべきである、ということが明記されていることである。公害対
策基本法でも公害教育を実施するよう努める主体を「政府」としていたよう
に、環境基本法でも環境教育の実施に責任を持つのが「国」であるとし、環
境政策としての環境教育を強く打ち出していることが重要である。

　加えて、環境基本法の第十五条では、「政府は、環境の保全に関する施策
の総合的かつ計画的な推進を図るため、環境の保全に関する基本的な計画（以
下「環境基本計画」という。）を定めなければならない。」としていて、その
環境基本計画はこれまで 5 次にわたって策定され閣議決定されている。そし
てそのどの環境基本計画にも、環境教育の推進が明確に記載されてきている
ことから、環境基本法の第25条は、国の環境政策としての環境教育推進の極
めて重要な根拠となっているものである、ということがわかる。

　したがって、環境基本法と環境基本計画のふたつによって、国の責務とし
ての環境教育を推進するという環境政策が一応の完成を見せたということは
言える。

3　環境教育等促進法（旧環境教育推進法）

　「環境の保全のための意欲の増進及び環境教育の推進に関する法律（環境
教育推進法）」は、2003年 7 月に成立した法律で、環境基本法から一歩踏み
込んだ形で、日本国内での環境教育の制度化に一定の役割を果たしてきてい
た環境政策のひとつと言える。環境教育推進法は、2011年 6 月に衆参両院で

の審議を通じて法律の一部を改正する手続きを経て、改正されることになった。改正後は、「環境教育等による環境保全の取り組みの促進に関する法律（環境教育等促進法）」となり、2011年10月 1 日に一部施行、2012年10月 1 日に完全施行されている。

　まず環境教育推進法が制定されることになった背景には、自発的な環境保全活動をより活発なものとするため、意欲を高めるための支援基盤作りや人づくりの基盤となる環境教育を推進することが目的であった（環境省総合環境政策局環境教育推進室、2003）とされている。具体的には、民間団体などが実施している環境教育の指導者などの人材認定事業の登録制度が開始された。環境基本法で国の責務として環境教育を推進することとされたことを踏まえて、国が民間の行う環境教育をさらに支援・推奨する役割を持つこととしたというのが環境教育推進法制定のひとつの目的であったということである。

　続いて環境教育等促進法への改正については、2003年以降、新たな教育思潮および教育実践である「持続可能な開発のための教育（ESD）」が世界で展開されるようになったことが挙げられる。ESD持続可能な開発という文脈に則してその具体的実践がすすむことを企図した教育指導および方法としてとらえられる（阿部、2010）ものであり、このような環境教育からESDへの拡大に対応することが、環境教育等促進法への改正の契機のひとつとなったと考えられる。環境教育推進法から環境教育等促進法に改正されたポイントは、「行政・企業・民間団体等の協働取組、環境教育等支援法人の指定や体験の機会の場を認定する制度の創設、学校教育における発達段階に応じた体系的な環境教育のための支援等」および「教員養成段階での訓練や地域行動計画や政策形成への民意の反映」などである（林、2011）。環境教育推進法の趣旨をさらに発展させ、国と民間団体の連携をより重視するという姿勢を打ち出していることが、この環境教育等促進法の趣旨である。

　環境政策としてのこれらの法律が制定されることになった経緯をつぶさに見てみると、環境教育等促進法への改正案の国会への提出は、議員立法とし

て行われたものとなっている。そして改正案の議案提出者は、公開された議事録を確認すれば、小沢鋭仁議員（当時）であったことがわかる。旧法の環境教育推進法も議員立法で成立していることから、その点だけをとらえれば、いわゆる政策決定者によって国会に提出された法律であり、提出に関与した議員（および関係省庁）の政策モチーフがきわめて明瞭に反映された法律である、と理解することができる。つまりこの環境政策としての環境教育は、政策立案者の意図が反映されている環境教育であって、そういう意味では環境政策としての企図と環境教育としての企図が連動していることが明らかである。環境基本法で一定程度完成を見せた環境教育政策であるが、この環境教育等促進法で民間団体による自主的な取り組みについても支援を行うことが国の責務となったことにより、さらに国の役割が強化されているということについては特に留意しておくことが必要であろう。

第4節　環境政策による環境教育の制度化

　以上のことにより、環境教育のコンセプトは、環境法の体系化とそれに紐付く環境行政の展開の中で一定の位置づけを得て、次第に制度化していったということになる。このことの意義については、おおよそ以下の通りとなる。
　環境教育の専門家による政策決定者のマインドの推測を集計するという手法により、環境教育政策の決定要因を推定・分析した研究では、これら3つ（公害対策基本法・環境基本法・環境教育推進法）の環境法制化とそこから導かれる環境教育政策は、それぞれが決定される際に異なる要因が選択されていた（高橋、2013）。具体的には、公害対策基本法による公害教育政策は、要請への応答に基づく「国内世論」に押されたことと、中央からではなく周縁である「地方」からのニーズが影響していた。環境基本法による環境教育政策は、「国際社会」からの要請を受けたということと、便益効果を期待した過去の「経験」が要因として影響していた。そして環境教育等促進法の旧法である環境教育推進法では、「国内世論」への要請としての面と、将来に

おける環境への「負荷軽減」を目指すという要因が選択されていたのである。つまり、環境教育の制度化にはそれぞれ異なった決定要因が反映されているのである。

　これらのことは、それぞれの環境教育の制度化に際しては、政策決定が行われる際のニーズが異なっているということを示すものであり、そのことから環境政策の政策企図を公衆に伝達するという単純な環境教育の方向性が企図されていたというわけではない、ということを導くことができる。つまり、タイプの異なる環境政策ではタイプの異なる環境教育が企図されることになり、そのようなさまざまな環境教育政策が決定され実施されるとしたら、実施される環境教育は一律的なものとはならず、多様な形態と内容を孕んだ具体的な実践としての展開につながることが期待でき、その結果多くの課題に対応できるような市民の意識の醸成につながることが期待できるのである。

　環境教育については、このように環境政策との関係でいくつかの法制化から制度化がすすんでいることは明らかである。それでは持続可能な開発のための教育、いわゆるESDについては制度化をしているといえるのだろうか。そのことについては、まずESDそれ自体を明確に環境政策へ取り込んだことを示す法律の制定という観点からは、まだ十分には行われていないと判断することができる。例えば環境教育等促進法への改正には、ESDの観点が取り入れられるようになったということでもあり、その観点からはESDの制度化を環境教育等促進法も促した、と考えることができれる。したがって環境政策の一部のキーワードとしてESDが扱われていることは確かであるが、例えばESD推進法などといった名称にESDを組み入れた法律は依然として成立していないことから、環境政策としてESDが正確に捉えられ、制度として推進される体制になっているかというと、そのような状況には至ってはいないと言える。ただしそのことで、ESDは環境政策を踏襲していないという訳ではなく、またESDが環境政策に乗らないような程度の価値でしかないということでもない。次節で述べるように、これまでの環境教育とESDの関連を前提とすれば、制度化した環境教育との関係の中で、ESDも環境政策からの影

響から免れることはできないし、そのようなことからESDの環境政策としての確立も今日の重要な課題のひとつである。

　環境政策としての環境教育は、それぞれの環境法制との関係の中で把握するべきで、このことから、政策決定者や行政が採用した環境政策の意図を市民や住民に対して効率的に浸透させたいという意図を、環境教育はやはり含んだものであるということを導く。よって環境教育を実践したり構想したりする人々は、この環境教育の性格について改めて確認しておくことが必要である。

　教育行政でも環境教育への取り組みはなされているし、環境行政や教育行政以外のところでさまざまな政策がつくられていて、それぞれに基づく環境教育が企図され実践されることはおおいにあり得る。例えば国土開発政策の中では、近年多自然型工法を用いた流域インフラの整備などがすすめられている事例を多く見る。しかしそれが旧来の工法と異なるとすれば、その政策企図がその工法を受け入れる地域の住民にも正確に理解され、そしてそのような政策を支持してもらえるような住民の心理面での協力を必要とするからである。そしてそのような状況において環境教育が役割を果たすとすれば、それは当該政策に即した環境教育であるということになる。つまり、環境もしくは教育に関わる事象をめぐっての政策の中には環境教育として取り組まれるものがあり、その意味からも環境教育は確かに環境政策だけに依拠するものではなく、また環境教育の制度化はいろいろな政策の中で取り組まれるべきものであり、それぞれの政策の目的との関係で把握することが必要である。この点について十分に理解しておくことで、環境教育を検討し実践の方向性を企画する際に、環境教育の内容と展開を具体的に構想する材料をどこに求めるかを把握することに役立つ。そしてその試行錯誤の中で、環境教育はそのような政策の企図の枠組を超えるものとして成長させるべきである。なぜなら環境教育は、環境政策に紐付いた環境教育のみがあれば良いということではないからである。環境教育の制度化の経験と教訓は、環境教育を枠にはめるというものであるわけではなく、その枠を超える新たな価値観の創

図2-1　ESD登場までのプロセス（高橋、2021）

出が期待されているということについても留意が必要であろう。

第５節　国際的な環境政策とESDの成立からとSDGsへの発展

　1997年にギリシアで開催された「環境と社会に関する国際会議」で発出された「テサロニキ宣言」の第11項で、「環境教育は今日までトビリシ環境教育政府間会議の勧告の枠内で発展し、進化して、アジェンダ21や他の主要な国連会議で議論されるようなグローバルな問題を幅広く取り上げてきており、持続可能性のための教育としても扱われ続けてきた。このことから、環境教育を『環境と持続可能性のための教育』と表現してもかまわないといえる。(傍点筆者)」と表現している。1977年のトビリシ環境教育政府間会議から20年を記念した会議であるから、テサロニキ会議は環境教育についての国際会議であった。しかしそのテサロニキ会議の場で「環境と持続可能性のための教育」つまり持続可能な開発のための教育＝ESDの芽がこのようにまずは言葉として出発したのである。テサロニキ宣言は、ESD推進の国際的な根拠のひとつとなり、環境教育とESDの関係を把握する上で重要な文書となったのである。

　そのことについては、環境教育の発展と実践の積み重ねがまず膨大に存在していたのであって、それらがESDの基盤となった、ということを意味する。ESDは全く新しい考えとして突如誕生したものではなく、もともと環境教育があって、いわゆるその発展型として構想されるようになったものである、ということについて国際社会で議論され、理解され、促されるようになって

いったということである。

　環境教育が萌芽段階であった時点、それは国際的にはおおむね1975年のベオグラード国際会議や1977年のトビリシ環境教育政府間会議の時点であるのだが、その頃の環境教育は、頻発し拡大していく個々の環境問題への対応のひとつの在り方として、構想され実践されるようになっていったものである。そのことについては、日本の公害教育の経験をつぶさに振り返ればよく理解することができる。しかしその後、世界においては環境の問題が次第に一国の枠内にとどまらず、拡大していって国境を超越するようになり、問題が次第にグローバル化していくようになるにつれて、国際社会も「持続可能な開発」という国際的に共有したキーワードに基づいて、それに向けた各種施策の取り組みを国際的に共同で行う必要性を訴えるようになっていった。その傾向は1992年のブラジルのリオデジャネイロでの地球サミット以降急速に進む。そしてそのような国際的な潮流の中で出現してきたのがこの「ESD」というもので、それは環境教育を発展させた理念として姿を示されたものである。そしてテサロニキ宣言で述べられているように「環境と持続可能性のための教育」という発想に基づく全体的な枠組みと実践の方法論の構築が目指されるようになっていったのである。これがESDのそもそもの発生の流れである。

　日本国内で取り組みが開始された公害教育や自然保護教育が、環境教育の前身であるということ、そして環境教育からESDが登場し、それは2005年から2014年の10年間、ユネスコを事務局として10年の国際的なプロジェクトにより、その周知が図られてきたということを図示すると、**図2-1**のとおりとなる。

　したがって、環境教育とESDについては、もちろん重なる性格の部分もあるのは当然であるが、潮流としてはある時期から枝分かれしているのであるから、環境教育とESDの議論は混在させるのではなく、それぞれの性格というものを見定めながら展開させていく必要があるのである。

第6節　今後の展望

　環境政策という枠組みの範囲を定めて、環境教育からESD、そしてSGDs
への発展を簡単に跡付ける試みを行ってきた。環境教育やESDは、その枠組
みを今後も維持するのか、それともさらに上位のより包括的な考え方が登場
してそれに包摂されていくのかはまったく不明で予測がつかない。ただし、
環境教育の経験、特に環境政策の理念や目的を周知する政策との連携を強く
押し出した環境教育というものの役割は、環境政策が継続されていく以上は
今後も続いていくことが考えられる。その際、このような環境教育とESDに
ついての経験の重要性は褪せることはないであろう。

　また近年になって、環境政策それ自体の性格も変わりつつあるように思わ
れる。公害の時代の公害対策基本法や一連の公害立法に関しては、とにかく
公害問題への後追い型での対応であったし、環境基本法の前後は公害問題か
ら質的に転換してきたさまざまなタイプの環境問題への対応に追われ、さら
には国境を超える範囲で発生する地球環境問題にも対応しなければならなく
なるといった、やはり喫緊の課題への緊急的な対応ということが環境政策立
案と策定の根幹にあった。しかし2020年代を迎えて、環境政策がそのような
課題への対応をただ追っているだけではなく、SDGsへの積極的な応対など
についても重要とされてくるようになったことから、ある種の「オフェンシ
ブ」な環境政策の立案と策定が要請されるようになってきている。つまり課
題に対応するだけの環境政策だけではなく、今後の社会やライフスタイルの
在り方の方向性を描き、その理想を目指すような環境政策というものへの期
待が高まるようになってきていて、その萌芽は例えば各地方自治体での
SDGsへの対応に向けた政策設定などといったようにさまざまな場面で見ら
れるようになっている。そうすると、これまで環境政策に紐付けられてきた
環境教育の方向性も、今後は多彩で未来を見通したものへと拡大していく可
能性が生じてきている。つまり環境教育の転換という可能性が現時点で改め

て出現し始めている状況になったということである。その潮流のひとつは、やはりSDGsへの対応の法制化が、果たしてどれだけ進むかということに見いだされていくことになろう。さらにはESDの制度化は、SDGsへの対応という点で極めて重要な観点となり、今後その動向を注視していくことが求められる。

　またESD政策が誕生して、ESDが制度化することを期待した場合、その方向性は、ESD政策がどの分野の政策として確立するか、という点に留意していくことが必要となろう。環境問題は環境政策、というようにも言えるが、ESDについてはどの分野の政策が担うか、ということを最初に解決しなければならなくなるからである。もちろんこれからの環境政策の中にESDを取り込んでいくということは十分に可能性のあることである。しかしESDを単に環境政策の枠内で捉えるのではなく、**図2-1**で示したように、環境教育のこれまでの積み重ねの上でESDが登場し、それは環境教育とある意味枝分かれしていっているのであるから、ESDが環境政策のみに依拠すると考えるのでは十分ではないと思われる。ではいったいどのような政策課題の中で取り入れられていくべきであろうか。国連持続可能な開発目標（SDGs）を見れば、17のゴールで示されていることに取り組むには、さまざまな分野の政策を横断的に、また連携させて取り組まなければならない。ESDもおそらくそのような政策横断的なものであって、ESD政策というものがこれまでなかなか登場しにくかったという事情はこのあたりにあるのではないか、と考えられる。ESDを政策として、また制度化して実践の根拠というものを確保することは重要であるから、今後この課題へのアプローチをどのように進めていくか、そしてその議論を構築していく作業は、ますます重要になってくるであろう。

引用文献

阿部治「自治体における環境教育の現状と課題」（『月刊自治フォーラム』第404号、1993年）14 〜 19ページ。

阿部治「環境コミュニケーション・環境教育・市民参加」（財団法人地球環境戦略研究機関編『21世紀の環境概論環境革命の時代』東京書籍、2010年）193 〜 202

ページ。

阿部治「ESD（持続可能な開発のための教育）とはなにか」（『ESD（持続可能な開発のための教育）をつくる』ミネルヴァ書房、2010年）1 〜 27ページ。

環境省総合環境政策局環境教育推進室（2003）「環境の保全のための意欲の増進及び環境教育の推進に関する法律の概要及び関係省の関連する取組について」（『環境』、11号、2003年）、8 〜 11ページ。

高橋正弘『環境教育政策環境教育政策の制度化研究』（風間書房、2013年）。

高橋正弘「環境教育論の基層」（高橋正弘・首藤正治編『公共政策基礎ゼミナール』大正大学出版会、2021年）192 〜 209ページ。

竹本和彦『環境政策論講義』（東京大学出版会、2020年）。

日本環境教育学会『環境教育辞典』（教育出版、2013年）。

林浩二「環境教育の法律の改正について」（『環境教育ニュースレター』、第93・94合併号、2011年）17ページ。

第3章 学校教育における "ESD for 2030" の展開と課題

小玉 敏也

第1節 新型コロナ問題の学校教育への影響

1 問題の所在

　SDGsには、目標4「質の高い教育を」のターゲット7に「持続可能な開発のための教育（ESD）の推進」との文言が盛り込まれている。2019年には、第74回国連総会で "ESD for 2030" が採択され、SDGs17目標を達成するために「教育」が果たす役割の重要性が再確認された。これまで「ESDに関するグローバルアクションプラン（GAP）」（2015－2019）のもとで推進されてきたESDは、その後継枠組みである "ESD for 2030" のもとで推進されることとなった。すでに国立教育政策研究所は、持続可能な社会の構築を実現するために「ESDの視点に立った環境教育」（国立教育政策研究所、2016）という考え方を示していたが、SDGs/ESDの進展と歩調を合わせるように各種の教育政策が「持続可能な社会の構築」という目標に統合されるようになった。

　本章では、この "ESD for 2030" におけるESDのとらえ方を概観し、それがwith/afterコロナ時代の学校教育にどのような意義と課題を示唆するのか、読者とともに考えていきたい。なお本章での議論は、試幅の都合から初等・中等教育を対象とし、高等教育及び特別支援教育については言及しないものとする。

2 "ESD for 2030" のスタート地点とは

　SDGsの理念が社会に広がるなかで、新型コロナ問題はいまだ収束する見通しは立っていない。各学校では、校内の感染対策、教育課程の変更、行動制限などの状況が続いていることだろう。それは、家庭経済の悪化を背景として、児童生徒のメンタルヘルス、学習意欲、人間関係にも大きな影響を与えているはずである。このような状況のなか、2020年の中教審初等中等教育分科会において、一部の委員から注目すべき資料が提出された[1]。この資料は、コロナ禍での学校が直面する事態に警告を発するものであった。それは、以下の5点に要約できる。

・新型コロナ問題に係る財政危機によって生じる教育予算の大幅削減、それにともなう教職員定数の大幅削減と小規模校の統廃合の加速化が予測される。

・PC端末の全員配布が実現しても、自治体ごとの条件整備の進度差と画一的なルールによる縛り、教員のスキル差等によって労働環境の悪化が懸念される。

・対面授業が増加する段階で、ICTによる「個別最適化」の授業が掛け声倒れとなり、新型コロナ以前の一斉授業に回帰する可能性が高まる。

・民間教育産業のEdtechやSTEAM教育等に容易にアクセスできる家庭と、それができない家庭との教育格差が一層拡大する可能性がある。

・家庭の経済状況の悪化による、子どもの人間関係のトラブル、不登校、いじめ、退学者等の増加が懸念される。

　この委員が、あえて分科会で直言せざるを得なかった背景には、当時の学校の切迫した危機感があったものと思われる。この例からも、"ESD for 2030" は、with/afterコロナ時代における学校教育のあり方を明確に見通せないまま開始せざるを得ないことがわかる。

第2節　"ESD for 2030" と学習指導要領

1　ESDはどのように進展してきたか

　第3期教育振興基本計画（2018年）では、第1期と2期に続いてESDの推進が明記され、それが国の教育政策において重視されてきたことは明らかである。2017・2018年改訂の学習指導要領では、前文に「持続可能な社会の創り手」を育成するとの文言が初めて入り、ESDと学習指導要領の関係が強化されることとなった。

　ところでESDは、「国連持続可能な開発のための10年（DESD）」（2005－2014）とGAP（2015－2019）のもとで国際的に取り組まれてきたが、それはどのような成果と課題を残したのだろうか。その総括を踏まえて"ESD for 2030"の位置を確認したい。

　まずDESDでは、①教育振興基本計画と学習指導要領等の政策に位置づけて推進できたこと、②ユネスコスクールを核として推進できたこと、③地域の多様な主体からなる協議会を通じた地域ぐるみの取組が展開されたこと等を成果に挙げ、国によるトップダウンの取組と、学校やNGO等によるボトムアップの取組が有機的に結合されたことが評価されていた（DESD関連省庁連絡会議、2014）。いっぽう課題は、学校への更なる浸透を図るために、学習指導要領における位置づけの明確化、関係機関の協力体制の強化、ESDの教育効果の研究と評価指標の開発等が挙げられていた。もちろん、東日本大震災と原発事故がESDに与えた教訓と影響についても明記されている。このような総括の一部が、学習指導要領の前文に反映されたものと思われる。

　次に、GAPのもとでのESDの成果は、①地方自治体の教育計画に盛り込んで、各学校が体系的なESDを実施する事例が増えたこと、②環境教育を土台としたESDが発展してきたこと、③既存の多様な取組をESDの理念を踏まえた取組として見直してきたこと、④地域の多様な主体を巻き込んだESDが展開されてきたことが挙げられていた[2]。同じ時期に、国連総会で「ESD

に積極的に取組むことがSDGsの実現に貢献する」と唱えられたことから、SDGsとESDの概念上の混乱が見られたものの、この15年でユネスコスクール加盟校が1000校を超えて、自治体全体で加盟する事例やRCE（Regional Center on ESD）の枠組の中で取り組まれる事例も登場することとなった。

　このDESDとGAPの成果と課題を踏まえ、"ESD for 2030"（2020-2030）の枠組みの中で、各学校の取り組みが新たに展開されることとなった。2000年代初期からESDに関与してきた筆者の立場から言えば、この間の加盟校の増加と社会的認知の拡大については感慨深いものがある。しかし、各学校の取組の質保障と持続性、教員の研修と力量形成、地域との連携とその組織化、児童生徒への教育効果の検証等、課題は山積している。そして何より、with/afterコロナの時代において、学校におけるSDGs/ESDの取組が本当に求められているのかという根本的な問いに直面する状況にもなっている。

2　"ESD for 2030" では、ESDをどのようにとらえているか

　"ESD for 2030" では、ESDをどのようにとらえているのだろうか。それは、新型コロナ問題以前に策定されたため、その影響を直接受けているわけではないが、DESD当時と比べて変化した点がある。

　まず、DESD開始年（2005年）でのESDは、人間開発の全ての分野と世界が直面する緊急課題を含み、その特徴は「学際性・総合性」（個別課題ベースからカリキュラムベースの学習への転換）、「価値による牽引」（SDの価値観と原則の共有）、「批判的思考と問題解決」（SDが抱えるジレンマとそれへの挑戦）、「様々な方法」（言葉・美術工芸・演劇・討論等の教育方法）、「参加型の意思決定」（学習者の意思決定への参加）、「地方との関わり」（地球規模の問題と地方の問題の扱い）といった特徴を持つと定義されていた[3]。そして、その学習内容は、「人権、平和と安全、男女間の平等、文化の多様性と異文化理解、健康、HIV/AIDS、ガバナンス、自然資源、気候変動、農村地域の変化、持続可能な都市化、災害防止と復旧、貧困の軽減、企業責任・説明、市場経済」と多岐にわたっていた。

図3-1　ESDとSDGsの関係図

　いっぽう、"ESD for 2030"のロードマップ[4]では、ESDがSDGs目標4
の不可欠な要素かつ実現の鍵（Key Enabler）であるとして、いっそう
SDGsとの関係が強化された。**図3-1**は、両者の関係性を表したものである。
円の周辺を17目標が囲んで、それぞれが中心にあるESDの目標・内容・対象
となっている。そのESDは、認知的な学習（Cognitive learning）と社会的・
情動的学習（Social and emotional learning）、行動的な学習（Behavioral
learning）の３つの領域から構成されている。認知的な学習とは、「持続可
能な変革と、その複雑性と相互関連性を理解し、現状を脱却するアイデアと
オルタナティブな解決を探求する」とされる。社会的・情動的学習とは、「持
続可能性のための核心的な価値と態度を構築し、他者と地球への共感と慈愛
の心を耕し、変革を主導するための動機にする」こと、さらに行動的な学習

は「個人・社会・政治的な領域における持続可能な変容のための実践的な行動をとる」こととされている。

いっぽう、現在のユネスコのHPでは、ESDを以下のように概説している[5]。

①定義：「ESDは、環境的統合と経済的実行可能性、文化の多様性を尊重しながら、現在と未来世代のための、理解ある決定と責任ある行動を成すために学習者をエンパワーする」「ESDは、学修内容と成果に取り組むホリスティックで変容的な教育であり、教育学と学習環境のことでもある。それは、変容する社会によって目的を達成する」

②学習内容：「気候変動、生物多様性、減災（DRR）、そして持続可能な消費と生産のようなクリティカルな問題をカリキュラムに統合すること」

③学習環境・方法：「教育学と学習環境：双方向的、学習者中心の方式で教授と学習をデザインすること。とりわけ、探求的、行動志向的、変容的学習を可能にするように。学習環境の再考―バーチャルとオンラインだけでなく肉体性（physical）を伴う。サスティナビリティのための行動に学習者を触発する」

④社会的変容：「どの年代の学習者、どの教育の場でも、自らと社会を変容させるためにエンパワーする」

⑤学習の結果：「クリティカル/システムズ・シンキング、共同的な意思決定、現在/未来世代への責任のようなコア・コンピテンシーを学習し促進することを励ますこと」

両者を比較すると、その根幹部に変化はないものの、"ESD for 2030" では、学習者及び社会の「変容」という視点が強調された点、学習内容に「持続可能な消費」「減災」等の内容が付加された点、学習者中心主義に基づくリアル－オンラインの双方向的な学びが推奨されている点、個人の変容だけでなく、それを社会的な変容につなげる点などが追加されている。そして何よりも、"ESD for 2030" が気候変動に対する切迫した危機感を背景に策定されていること、そのために一刻もはやく学習者が変容し、持続可能な社会づくりへの市民の参画と行動を求めるという「焦り」にも似たトーンに貫かれて

いることである。

　2021年に、"ESD for 2030"は関連省庁会議による第2期国内実施計画（2021年）として具体化され、多様なセクターによって協働的に取り組まれていくこととなった。そして、学習指導要領の前文にある「持続可能な社会の創り手」との文言は、新たなESDを推進していくキーワードになっていくことは間違いない。その意味で、2020年代の日本型ESDを構想していく時に、今次の学習指導要領がどのような構造になっているか客観的にとらえ、国内の教育政策の中で（を超えて）どのような取組を展開していけるかあらかじめ検討しておく必要がある。

3　学習指導要領はどのような構造か

　各学校では、学習指導要領の内容を踏まえて地域の実態に応じたESDが取り組まれていく。それに準拠した新しい教科書には、「持続可能な社会」「持続可能な開発目標（SDGs）」等の用語や、その用語を使用せずとも「持続可能性」（＝sustainability）に関する内容が盛り込まれていることから、各教科の授業を通して児童生徒に少しずつその概念は浸透していくはずである。また、授業論における「主体的・対話的で深い学び」「教科間の関連指導」「探究学習/活動の重視」、学校経営論における「社会に開かれた教育課程」「コミュニティスクールの準義務化」等の方針は、ESDと重なる点があることも間違いない。したがって、「ESDの考え方を踏まえて、この国の学校教育を根本から変えようとしたのが今回の学習指導要領改定なのです」（手島、2018）との議論は一定の説得力を持っている。

　図3-2は、学習指導要領の改訂内容をもとにその構造化を試みたものである。それは、A：国際競争/協調、B：持続可能な社会構築、C：産業構造の転換、D：国家/地域形成という4つの領域から構成されていると考える。そもそも学習指導要領は一枚岩の大綱文書に見られがちだが、今次のそれはグローバリズム（ABC）とナショナリズム（D）の思潮からなるパッチワーク構造となっており、改訂時点での様々な教育課題によって編み上げられた

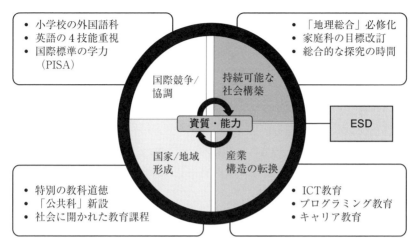

図3-2　学習指導要領の構造

文書に見える。また、4領域の中心には「資質・能力」（①何ができるように
なるか・何ができるか、②知っていること・できることをどう使うか、③
どのように社会・世界と関わり、よりよい人生を送るか）の育成が位置づき、
児童生徒が教育内容を習得するだけでなく、社会のなかで積極的に活用する
ことを期待している。

　このような構造にあって、ESDは4領域を統合する理念にはなり得るだろ
う。そして、それを抽象的な理念に終わらせないために、各教科と領域の関
連指導を図る教育課程（ESDカレンダー等）を編成すること、「持続可能性」
の概念が盛り込まれた各教科の授業を充実すること、地域の特性を踏まえた
特別活動や総合的な学習/探究の時間の取組を強化すること、児童生徒の探
究学習/活動や社会参画を支援すること等、学習指導要領というプラットフ
ォームを活用して挑戦できることはたくさんある。しかし、前文以外のESD
は改訂内容の1/4を占めるに過ぎず、小学校での外国語科やICT教育のよう
な改訂の目玉になっていない事実も冷静に見なければならない。さらに中心
にある「資質・能力」育成が想定しているのは、VUCA時代（将来の予測が
困難な複雑で変化の激しい、グローバル化が進展する社会）に適合する資質・

能力であり、「持続可能な社会」の構築を目的としたESDと必ずしも合致するものではない。そもそもESDは、SDGsの17目標に具現化された世界の諸課題を解決し、環境をベースにした社会・経済の統合的な発展を志向するという社会への転換を迫るものである。たとえ現代社会がVUCA時代にあったとしても、それは持続可能な社会を構築していく過程での現状認識であり、目指すべき社会像ではない。つまり、今次の学習指導要領はESDの考え方を取り込んではいるが、その方向に全面的に舵を切っているわけではなく、それを実質化していくのはあくまでも教育関係者の取組にかかっているのである。

第3節　学校ESDの取組における課題

1　「Society5.0/GIGAスクール」構想をどうとらえるか

　学習指導要領の完全実施を目の前に、新型コロナ問題の前後で登場してきたのはSociety5.0とGIGAスクール構想に係る教育施策である。

　Society5.0は、第5期科学技術基本計画（2016年）において提示された「狩猟社会、農耕社会、工業社会、情報社会に続くような新たな社会を生み出す変革を科学技術イノベーションが先導していく」社会のことで、AI技術の発達、IOTの進展を見据えた経済界による人材育成プランの色彩が濃い。また、「Society5.0における学校」との用語も登場し、AIによる「個別最適化」の教育、スタディ・ログによる学習履歴・評価及び健康状況の管理を通して、学校の在り方そのものを改革していこうとの意思も読み取れる[6]。さらに近年では、経団連が「SDGsの達成に向けて、革新技術を最大限活用することにより経済発展と社会的課題の解決の両立するコンセプト『Society5.0』」を提言している。このような新奇な言葉のシャワーを浴び続ける全国の学校は、「いったいどのような社会を構築する子どもを育成していけばよいのか」と、大いに混乱しているものと推測される。また、「持続可能な社会」と「Society5.0」の理論的な検討を行わないうちに、双方の概念を一体化して議

論する教育関係者も散見され、いっそうESDへの理解を困難なものにしている。

　GIGAスクール構想は、新型コロナ問題の渦中に「児童生徒1人1台コンピュータ」の実現をはかった施策パッケージで、各学校のICT環境の整備、デジタルコンテンツの充実、ICT支援員等の人的資源の整備を、前倒しで実施したものである。この施策も、Society5.0への転換を想定し、多様な子どもたちに「個別最適化」の教育を実現することを目標として、学校現場へのデバイス配布という形で具体化されている。教育委員会と学校の協力・支援体制、学校と家庭での使用ルール、各学校におけるICT機器の管理とセキュリティー、授業活用に係る教員研修、機器の配布に係る家庭への経済的支援等の問題が山積しているが、「子どもの学びを止めるな」というかけ声のもとで、議論するまもなく各学校に具体化されていった。

　これらの教育施策は、OECD（経済開発協力機構）のキー・コンピテンシーに影響された今次の学習指導要領とも親和性が高く（小玉、2015）、本質的にはVUCA時代のグローバル経済に対応できる労働者育成を目的にし、開発途上国の学校教育にまで視野に収めていないことに留意すべきである。加えて新型コロナ問題は、「持続可能な社会」構築という危機意識を背景とした理念的な社会観を後景に退かせ、代わってデバイス配布・活用という極めて現実的な施策によって、学習指導要領が内包するグローバリズムの思潮（A：「国際競争・協調」C：「産業構造の転換」）を可視化した感がある。この状況を踏まえれば、前節での「with/afterコロナの時代において、学校におけるSDGs/ESDの取組が本当に求められているのか」という問いについては、ESDを支持する者が "Yes" の姿勢を変えなくても、それ以外の者は新型コロナ問題が解決した後のテーマとして敬遠してしまう可能性も高い。

　しかし私たちには、SDGs/ESDを後景に退かせるほど、目の前にある地球/地域の危機から目をそらす時間的余裕はあるのだろうか。気候変動や感染症問題の解決は、国際協調の遅滞から混迷の度を深め、2030年までの17目標達成はいっそう厳しくなったことは容易に想像できる。であるならば、"ESD for 2030"はその開始時期から、Post-SDGsの教育をどう構想していくかという課題に挑む責務も負っているはずである。このような現実を踏まえれば、ESDは、「構成的な理念」（実践を進めながら着実に現実化されていく理念）と「統制的な理念」（現実化されなくても、その指標に向かって進むほかない理念）から成立していると解釈し（柄谷、2014）、その2つの理念を随時選択しながら統合的に推進していくほかないであろう。

2　「SDの価値観・行動志向性・変容」をどう理解するか

　前節で見たように、国際実施計画（2005年）から"ESD for 2030"（2020年）への変遷の過程で、ESDは「SDの価値観育成」と「行動志向性」という内容を変えていなかった。これらは、「価値観が変われば行動も変わる」「行動を通じて価値観も深まる」といった双方向的/相乗的な関係性にあるが、逆にそれが各学校で取り組まれる過程で重要なポイントになってくるだろう。

　まず「SDの価値観育成」については、現行の道徳教育との関係が問われる。また、教育基本法における「人格の完成」と「平和で民主的な国家及び社会の形成者」育成との目的の下で培われる価値観との関連性も問われる。そこに「SDの価値観」が関連づけられることは、各学校で実践されたとしても、実は理論的な混乱が潜在していることを軽視するべきではない。前述したSociety5.0の問題も含めて、学校教育で育成すべき価値観と目指すべき社会観は乱立の様相を呈していると見るべきである。それは、従来から指摘されるESDの曖昧さとわかりにくさにも直結する。

　次に、「行動志向性」については、学校教育がどこまで、どのように踏み込むかという議論につながっていく。これまでの学校教育では、「理解」「技能」「思考」「関心」等の認識・態度形成に比重が置かれていたため、児童生徒が「行動」するということに一定の留保があったことは否定できない。近年のESD先進校では、地域における児童生徒の多様な参加・行動を促進した事例が報告されているが、彼ら/彼女らが本気になって取組む事例はまだまだ一般的ではなく、逆に新型コロナ問題によって萎縮する傾向も強まるであ

ろう。また、「電気の節約」や「ゴミの分別」等の個人の行動に矮小化した取組や、教員側の「動員」「お飾り参画」と紙一重の取組が危惧される現状もあり、「行動志向性」と認識形成の関係性について理論的かつ実践的な研究が強く望まれる。そして、この問題を突き詰めれば、政治教育或いは市民性教育のあり方にも発展するはずであり、むしろその文脈で議論される方が建設的であろう。

　さらに、地球の持続可能性に対する危機意識から、"ESD for 2030" でいっそう強調されているのは「変容」(transformation) である。曽我（2018）によれば、その語義は「別の状態へ」という意味の "trans" と、「形作る」の "form" が合わさった語であり、あくまで社会システムの変革と創造を視野に収めながら一人一人の生き方を変えていく内発的なプロセスであるという。それは、ESD の "E" が "Education" であるということをあらためて思い起こさせてくれる。しかし、実際の教育活動のなかで、その概念をどのように理解すればよいのだろう。たとえば、短期の授業の中で「変容があった」と解釈しても、その状態が次の授業では持続しなかったり、或いは一旦見えなくなっても別の時期に変容を見せることなどは、当たり前のように起こるはずである。または、数年間に渡る長期的な教育活動の中で、外観からはわからなくても内面が大きく変容していたり、ゆっくり時間をかけて変容していったりと、子どもの能力や個性によってその現れ方が違うはずである。なによりも、教員にとって「変容」とよぶに値する教育活動を創り出すことそのものが極めて困難であり、それは社会教育・生涯教育との連携も視野に入れて長期的に評価していくべきものであろう。

　これまでの学校教育は、「発達」等の用語で児童生徒の成長を表現してきた歴史があり、「変容」という用語は教育学研究のなかでは十分に咀嚼されていない現状にある。したがって、地球的課題への危機感を全面に押し出して、学習者の行動・態度の「変容」を求める議論は極めて慎重になされるべきである。それよりも、生徒の内面に、確かな「学び」が存在しているのかどうかを不断に問い続けるのが、実践者としての教員の本来的な使命ではな

いだろうか。この課題については、"Development"の訳語が「発達」でもあることに立ち戻り、そこから「変容」という概念を理解する方が、教育学研究の蓄積に根ざした実りのある議論を展開できるものと考える。

3　学校教育は、どのように「地域の持続可能性」と向き合うか

ESDを推進していく時に、ホールスクール・アプローチによる学校全体の変容も求められる。そのアプローチは、ユネスコスクールの取組のなかで数多くの事例が見られ、ESDの発展に効果的であったと報告されている[7]。しかし、このアプローチは、どのような範囲をカバーするのか。

これまでのホールスクール・アプローチは、校内及び学区を対象とした事例が一般的であった。しかし、その範囲を対象にすることは、取組の出発点であってもゴールではない。なぜなら、校内及び学区という狭い範囲が変容しても、エネルギー循環、生物多様性、自然災害等の持続可能性は、もっと広範囲な地域を対象にしなければ実現できないからである。学習指導要領における「学校と地域の連携・協働」「社会に開かれた教育課程」という考え方は、あくまでも学校を中心とした論理であり、地域の環境・経済・社会の統合的な持続可能性を実現するためには、あらゆるセクターを活動主体として認め、学校をそれらのネットワークにおける一活動拠点として相対化するべきではないか。そもそも、2000年代に入って学校のあり方そのものが変化しつつある。児童生徒の教育施設という本来の役割に加えて、社会体育の利用施設、災害からの避難施設、生涯教育との複合施設といった役割も持つようになった。また、普通教育確保法（2016年）の成立によってフリースクールの一部も「学校」と認知され、さらにオルタナティブスクールも増加していることから、ESDが対象とする「地域」もかなり多様になってくるものと推測される。

学校でのESDの取組では、学区よりももっと広範囲な視野をもち、生態的地域（エコ/ジオパーク、自然/農業遺産等）、或いはICTの活用による課題別地域（自然災害、生物多様性、気候変動等）まで概念を拡張して考えるべ

きである。阿部（2017）は、各地域での取組について「価値創造型事業の創出」「地域経済の活性化」「６次産業化」「コミュニティ・ビジネス」等を例に挙げているが、学校でのESDもそれらの地域課題と関連させて積極的に取り組まれることが期待される。つまり今後の学校でのESDは、多様なセクターと連携しながら地域住民による持続可能な地域づくりのなかでその教育活動を展開していくことはもちろんだが、その際の「地域」は、地理的な範囲に限定されるのではなく、空間を超えた課題でつながる「地域」をも想定すべきであろう。

第４節　"ESD for 2030" のもとでの学校ESDの展望

1　ESDが基盤とする理念とは

　"ESD for 2030 "では、「SDGsを実現するためのESD」の存在意義が明確にされた。それは、ESDを推進していくうえで明確なメッセージになり得る。事実、ESDの用語を使用せずに、「SDGs教育」「SDGsの学び」等の用語で教育活動を推進する学校も増加している。たとえば、カラフルな17目標を校内に掲示して児童生徒を啓発したり、既存の教育活動に紐付けして教育課程を編成したり、学習指導案に盛り込んで授業内容と関連させたり等々、その普及のスピードはESDのそれを大きく凌いでいる。筆者は、これらをESDの深化に至る過渡的な取組として評価している。しかし、その取組と並行して考慮すべきは、各学校のESD実践の「質」であることは言うまでもない。

　その「質」を問うときの参照点は、ESDが背景とするユネスコの理念である。それは、第２次世界大戦後に平和・人権を中心とした理念を基礎にすえ、南北問題の超克に取り組む過程で産み出された学習権宣言（1985年）に凝縮されている。近年、それは社会的弱者（女性・障害者・先住民族・難民等）への暴力・差別・不寛容・排斥に反対の立場をとる倫理的原則が強化され「教育の人間主義的アプローチ」[8] として "ESD for 2030 "にも脈々と継承されている。先進国の経済成長と開発・貿易の発展を目的とするOECDの教育

観と対比すれば、学習者中心の教育方法は共通点があるとしても、ESDは
SDGsの「誰一人取り残さない」との世界人権宣言（1942年）をベースをし
た理念の上に成立していることも忘れてはならない。したがって、前節での
学習指導要領の構造を踏まえれば、日本の学校教育は、新自由主義的な
OECDと復古的な国家主義との相剋のなかで、あえて国際協調主義のESDを
創造する使命を担っているとも言える。各国のESDも、当該国の教育政策の
中でのローカライズによって、その理念を外れる場合もあるだろうが、実は
ESDをOECDの教育政策と峻別できるのも、この原理的立場なのである。

2　with/afterコロナ時代のESDの展望

　SDGsは、「我々の世界を変革する」ことを最大のコンセプトとして、新型
コロナ問題をのりこえた後の社会像も提示している。その前文では、「人間
の尊厳と平等のもとに潜在能力を発揮すること」「現在と未来世代のために
地球を破壊から守ること」「自然との調和のうちに経済的・社会的・技術的
な進歩をはかること」「平和的・公正的かつ包摂的な社会を育んでいくこと」
「地球規模の連帯によって17目標を達成していくこと」といった高い理想を
掲げられ、私たちに持続可能な社会づくりへの参画を迫っている。すでに市
民社会では、子ども食堂の運営、ジェンダー平等のための運動、フードロス
をなくす試み、脱プラスティック生活様式への転換、サスティナブル・ラベ
ル（国際認証）がついた商品購入、企業によるESG投資等、幅広い分野で変
革のうねりが起こっている。学校が社会の動きと直結することにはなお慎重
な議論が必要だが、少なくとも新型コロナ問題をのりこえた後に、現代社会
がどのように再生すべきかという観点で、SDGsは現在の教育活動を変革し
ていく指標になり得る。

　その意味で、新型コロナ問題は学校教育に係る様々な課題を可視化させた
が、同時にそれをのりこえる羅針盤としてのSDGsの重要性も顕在化させた
と言える。誤解を恐れずに言えば、この問題は人間の生命と社会システムを
損傷するという意味で深刻な危機ではあるが、コロナ以前の社会に戻ること

が二度とできないのであれば、持続可能な社会を創出していく「人育て」のチャンスが到来したとも言えるのだ。日本政府は、2020年－2021年にかけて新型コロナ問題に係る緊急事態宣言を4度発出した。これに対してSDGsは、地球環境と人間開発の問題に関する世界的な緊急事態宣言を発出したのである。教育関係者は、その切迫した危機意識を十分に理解した上で、2020年代の学校でのESDをどのように発展させていくのか、厳しく問われる時代に入ったと言える。

注

（1）中央教育審議会初等中等教育分科会「新しい時代の初等中等教育の在り方特別部会委員提出資料」（令和2年5月26日第8回特別部会資料2）
https://www.mext.go.jp/content/20200526-mext_syoto02-000007441_4.pdf
（2021年4月17日確認）

（2）日本における「ESDに関するグローバル・アクション・プログラム」の下でのESDの取組」（2017年4月　文部科学省・環境省）11～13ページ。

（3）ESD-J2004 活動報告書、2005年、160～161ページ。
http://www.esd-j.org/wp/wp-content/uploads/2019/12/houkoku_2004.pdf#page=166 （2021年4月17日確認）
https://www.mext.go.jp/content/20210319-mxt_koktou01-100014717_1.pdf
（2021年4月17日確認）

（4）Education for Sustainable Development A roadmap, 2020, pp17-18.
https://unesdoc.unesco.org/ark:/48223/pf0000374802.locale=en （2021年4月17日確認）

（5）UNESCO「What is Education for Sustainable Development?」
https://en.unesco.org/themes/education-sustainable-development/what-is-esd（2021年4月17日確認）

（6）内閣府「Society5.0」https://www8.cao.go.jp/cstp/society5_0/（2021年4月17日確認）

（7）ACCU「キラリ発進！　サスティナブルスクール―ホールスクールアプローチで描く未来の学校―Vol.2」
https://www.unesco-school.mext.go.jp/wp-content/uploads/2021/03/キラリ発進！　サステイナブルスクールVol.2.pdf（2021年4月17日確認）

（8）ユネスコ「教育を再考する：教育はグローバルな共有財になりうるか？」、2015年

https://www.mext.go.jp/component/a_menu/other/micro_detail/__icsFiles/afieldfile/2015/07/09/1359574_05.pdf（2021年4月17日確認）

引用文献

阿部治「地域をつくる人を育てるESD」、（阿部治（編）『ESDの地域創生力：持続可能な社会づくり・人づくり9つの実践』、合同出版、2017年）16～17ページ。

柄谷行人『トランス・クリティーク：カントとマルクス』（岩波書店、2010年）、173ページ。

小玉敏也「学校ESD実践における『能力育成論』の考察」、（『環境教育』第25巻1号、2015年）135～136ページ。

国立教育政策研究所教育課程研究センター『環境教育指導資料：幼稚園・小学校編』、2016年）、25ページ。

曽我幸代『社会変容をめざすESD：ケアを通した自己変容をもとに』（学文社、2018年）、14ページ。

手島利夫『学校発・ESDの学び』（教育出版、2017年）37ページ。

DESD関連省庁連絡会議「国連持続可能な開発のための教育の10年（2005‐2014年）ジャパンレポート」、2014年、5～7ページ。

第 2 部　拠点をつくる

第4章　ESD拠点としての自然学校

増田　直広

第1節　自然学校の概要

　ESDを展開していくための拠点は、小中高等学校や大学、青少年教育施設、公民館や博物館などの社会教育施設（詳細は第5章参照）、企業、環境教育施設や団体など多様であるが、本章では特に自然学校を取り上げる。

　「自然体験活動や地域の生活文化に関わる地域づくり活動などの多様な教育的な体験活動を通して、持続可能な社会実現に貢献する施設や団体、活動」と筆者が定義している自然学校という概念が日本で生まれたのは1980年代前半である。この頃、ホールアース自然学校や国際自然大学校をはじめとする民間の自然学校が設立され、同時期にキープ協会の環境教育事業も始まった。日本における自然学校の起源を辿ると、1900年前後から始まったYMCA（キリスト教青年会）やボーイスカウト、ガールスカウトなどの活動に遡ることができる。さらに、上記の取組みに影響を与えたとされるアメリカの自然学校の歴史はさらに深く、1800年代前半に起源を見ることができる。

　1996年に開催された「自然学校宣言シンポジウム」では、日本には76校の自然学校があると報告された。その後、数回に渡って自然学校に関する調査が行われているが、2002年に行われた第3回自然学校全国調査では約2,000校が、2010年に行われた第5回自然学校全国調査では3,696校が活動していると報告された。これらの数値の変化だけでも、自然学校の輪が広がっていることがわかるが、さらにその概念や役割も拡大していることを次節以降で述べていく。

　以前から、自然学校は自然体験活動を通して、環境教育や青少年育成を行

うことを主目的としてきている。自然体験活動とは「自然の中や自然を活用して行われる、自然や自分自身、他者、暮らしへの気づきや関心を得ること、自然を大切にする気持ちを育むことを目的とする教育活動の総称」（増田 2019）である。日本においては、各地の自然学校や青少年教育施設、環境教育関連施設および団体が自然体験活動の主体となっている。また、日本環境教育フォーラムや自然体験活動推進協議会、日本アウトドアネットワークなどのネットワーク団体が団体間連携を図っている。さらに、自然体験活動推進協議会と国立青少年教育振興機構とが協働して、全国体験活動指導者認定委員会自然体験活動部会を立ち上げ、自然体験活動の普及と指導者の育成を行っている。

　そして、近年の自然学校は、従来通り自然体験活動を柱としながらも地域課題への取組みの比重を高めており、ESDの拠点としての役割を果たすようになっている。発祥の地であるアメリカとは異なる進化を遂げ、日本型自然学校、つまりESD拠点としての自然学校へと進化しているのである。

第 2 節　自然学校の発展

　自然学校数が増えているのは、その定義の拡大によるものとも言える。第3回自然学校全国調査では「自然体験活動のための『場』『プログラム』『指導者』を原則として年間を通じて提供できる施設や団体」が調査対象となり、同報告書では「自然体験活動の受け入れ体制となる施設や組織を特に『自然学校』と呼ぶことにした」（環境省、2003）とされた。つまり、この時期の自然学校の役割は、自然体験活動を実施することと読むことができる。これに対して、2011年の第5回自然学校全国調査報告書では、自然学校の定義が以下のように整理された（日本環境教育フォーラム、2011）。

自然学校の定義2010
　①「自然学校」とは

(1)【理念・意義】活動を通して「人と自然」「人と人」「人と社会」を深くつなげ、自然と人間が共生する持続可能な社会づくりに貢献していること。

(2)【活動】自然体験活動または、地域の生活文化に関わる地域づくり活動その他の教育的な体験活動を、専門家の指導の下で組織的に安全に楽しく実施していること。

(3)【組織形態】責任者、指導者、連絡先住所、活動プログラム、活動場所、参加者を有していること。

　上記から、自然学校の役割として持続可能な社会づくりに貢献することが求められていることがわかる。広瀬は「自然学校宣言2011シンポジウム」において、「自然体験活動（本業）＋社会課題への取組みと貢献＝自然学校」という公式を紹介した（立教大学ESD研究センター、2011）。自然学校の基盤を自然体験活動としながらも、社会課題への取組みを明文化したことに以前の概念との違いを見ることができる。ここで言う社会課題とは、環境問題や教育問題、地域活性化であり、近年ではSDGsが当たるだろう。

　上記要件を満たしていれば、自然学校として捉えられるようになったことが、前述したその数の増加につながったと考えることができる。

　さらに、上記定義の続きを見ると活動内容の広がりもわかる。

②「自然体験活動」について

・自然体験活動は、野外で自然と関わる体験的な教育活動全般を指す。自然体験活動を、組織的、継続的に参加者を得て行っている場合は自然学校とする。

③「地域の生活文化に関する地域作り活動」について

・地域の生活文化や伝統的な生業の保全に有益な取り組みを指し、このような地域作り活動を、組織的、継続的に参加者を得て行っている場合は自然学校とする。

（日本環境教育フォーラム、2011）

　上記から、直接的に自然と関わる活動だけでなく、人と自然との関わりによって生まれた文化や歴史、産業などを学ぶことやそれらを通した地域づくりも自然学校の活動に含まれることがわかる。実際、日本各地の自然学校を俯瞰すると、地域の伝統文化の継承やそれらを活かした教育活動、農林水産業の体験、地域活性化などに取組むところが多いことがうかがえる。

　自然学校の数や定義、活動内容が広がってきたことで、多様な運営形態の自然学校が生まれることとなった。西村（2013）は、**表4-1**の分類をしている。

表 4-1　自然学校の 8 つの累計（西村、2013 をもとに筆者作表）

①民間（独立）型
　　1 人、もしくはグループによって資金・労力を持ち寄って起業、設立された自然学校
②民間（部門）型
　　経営母体があり、その 1 部門として起業、運営されている自然学校
③民間（ボランティア主体）型
　　施設や専従スタッフを持たず、非営利で市民のボランティアを主体に運営されている自然学校
④民間（CSR）型
　　大企業を中心とした CSR への関心の高まりを背景に設立された自然学校
⑤公立（直営）型
　　国や都道府県、自治体が設置している青少年教育施設や自然体験関連施設、国立・国定・国営公園などの自然ふれあい施設
⑥大学・学校型
　　大学や学校が地域社会とのつながりのために開設した自然学校
⑦パートナーシップ型
　　行政・企業・NPO 等のパートナーシップにより運営される自然学校
⑧ネットワーク型
　　共通の考えやブランドで連携し、地域全体で活動を推進する自然学校

　筆者は近年保育所や幼稚園、森のようちえん、子育て支援センターなどとの関わりが増えている中で、それらも自然学校の役割を果たしている側面があることを感じている。また地域づくりや観光まちづくり分野への関わりの中で、地域の観光協会や観光地域づくり法人などもその側面を持っているとも実感している。第 5 回自然学校全国調査以降も、自然学校は変化を続けて

いると言えるだろう。

第3節　自然学校の社会課題への取組み

　これまで述べてきたように、自然学校は概念の誕生時から自然体験活動を通して、環境教育や青少年教育を行ってきたが、2000年代から自然体験活動を基盤としながら社会課題への取組みと貢献をミッションに活動するようになっている。西村（2006）が、自然学校を「持続可能な社会を築いていくための学習拠点」と捉えたように、ESDの拠点としての役割を担うようになってきたのである。

　社会課題への取組みと貢献を「自然学校運動」として捉える視座もある。降旗（2005）は、1990年代後半以降の自然体験学習の潮流としての「自然学校運動」の存在を指摘している。従来の自然体験学習は、自然保護教育と野外教育の中で行われおり、前者は「人－自然」の関係性に焦点を当て、後者は「人－人」の関係性に焦点を置いていたが、それらの関係性では限界があると指摘したのである。それらの限界を乗り越える試みとして、「自然学校運動は、こうした両者がもっていた限界を、学習課題を『人－（人と自然の共生体としての）地域』の関係性として再編成することで、従来の運動の限界を乗り越えようとする新しい試みとしてはじまった」（降旗、2005）と述べた。

　また、西村（2013）は、ソーシャル・イノベーションの主体としての自然学校に着目し、自然学校と自然学校運動について以下のように述べた。

　　自然学校とは、子どもたちへの教育のあり方の問い直し、悪化しつつある地球環境をはじめとする人類社会の持続可能性への危機感、地方の過疎化と都会への人口集中などを背景として日本各地に成立してきた「自然体験活動・学習のための場、指導者や教材などを計画的・組織的に提供する主体」だと定義する。そしてこの自然学校の「専門指導者集団」

の形成と社会的認知を進めていこうとする動きを自然学校運動と呼ぶこととする。

　両者の指摘からわかるのは、自然学校の取組みは従来の教育や学習のあり方をはじめ、地球や地域の持続可能性、農山漁村や都市部問わず地域が抱える諸課題を見つめ直すことにつながっているということである。上記の取組みはまさにESDであり、自然学校がその主体であり、拠点となっていることの証左とも言える。

　一方、小田切（2009）は、農山村再生に関する研究の視点から中山間地域（農山漁村）における諸問題を整理すると、①人の空洞化（人口減少）、②土地の空洞化（土地の荒廃）、③むらの空洞化（村落機能の脆弱化）の３つの空洞化に起因していることと、④誇りの空洞化がそれらの深層で進んでいることを指摘している。これら４つの空洞化は中山間地域における問題とされているが、一部は都市部にも見ることもでき、特に誇りの空洞化は、中山間地域や都市部問わず日本各地で大きな問題になりつつあると言える。逆に言えば、地域住民が地域への誇りを取り戻すことができれば、上記空洞化は改善できるということになる。

　自然学校は、地域資源を活用して自然体験活動や生活文化体験活動などを行っている。参加者は様々な体験活動を通して、当該地域の自然や文化、人を学ぶこととなり、そのプロセスを通して、地域の良さや課題など多様な視点で地域のことをより知るようになる。さらに、課題に対しての取組みや尽力する人々を知ることもあるだろう。このような過程で、参加者は地域に愛着を持ち、誇りを感じるようになると考えることができる。つまり、自然学校は、誇りの回復に寄与できる存在と言えるだろう。

第4節　ESDによる地域創生の拠点としての自然学校

　このような背景の中、自然学校は地域づくりや復興支援、災害教育、耕作

放棄地対策、獣害対策など地域における社会課題、すなわち「地域社会課題」への取組みを行うようになり、地域におけるESD拠点の役割を担うようになった。阿部（2017）は、これらの取組みを「ESDによる地域創生」と呼び、「住民1人ひとりが地域の多様な資源とかかわり地域との関係性を主体的に深めていくことで創り上げる、環境・経済・社会・文化のトータルな視点で持続可能かつ災害からの回復力（レジリエンス）が高い地域社会づくり」と定義している。

　これまで5回行われた自然学校全国調査では各自然学校が取組む活動テーマについても調査している。第4回全国調査以前では、①環境教育、②自然保護・保全、③青少年の健全育成が主要3大テーマだったが、第5回調査では「地域振興」が自然保護・保全に替わった。「2010年調査では、地域振興が大きく進出し、民においては里山保全、一次産業の理解促進と共に大きく伸びた。地域が課題という近年の傾向が大きく影響していると見られる」（日本環境教育フォーラム、2011）との分析の通り、自然学校が地域課題に取組んでいることがわかる。

　また、筆者らは「自然学校と地域創生に関するアンケート調査」（2020）を行った。筆者らが自然学校と考える全国の149団体（施設）を対象とし、68件（官営（官＋民の運営含む）＝11件、民営＝57件）から回答を得た。地域創生への取組みをたずねたところ、取組んでいると答えた自然学校は86％、今後取組みたいというところも含めると全体の95％となった。自然学校にとって、地域創生は取組むべき社会課題であることがうかがえた。

　次に地域創生の具体的な内容をたずねたところ、129件の回答となった（1つの回答に複数の要素が入っていたものは分解した）。回答を整理したものが**表4-2**である。自然学校の柱である「教育面での取組み」が最も多かったが、それ以外にも多様な地域創生の取組みが行われている。自然学校が地域の社会課題と向き合う結果の表れと言えるだろう。

表 4-2　自然学校の地域創生への具体的な取組み
（増田・小野2020を基に筆者作成）

	取組み（括弧内は小項目）	数
1	教育面での取組み（プログラム開発・提供／学校教育支援／保育・幼児教育／人材育成／イベント出展／新たな学びの場づくり）	57
2	地域資源の活用（地域資源の活用／農業振興／文化・産業の継承／観光／地産地消／事業化）	29
3	協働・交流（連携・協働／運営支援／交流支援）	18
4	コミュニティ維持（構成員としての参画／移住支援／福祉・健康／防災教育・災害時支援）	11
5	里山整備・環境保全（里山整備・森林整備／環境保全）	9
6	提言・発信（政策提言／ PR・発信）	5

続いて、各自然学校の具体的な取組みを見ていく。

○ホールアース自然学校（静岡県富士宮市他）

　1982年に設立された日本を代表する自然学校の1つであり、静岡県をはじめ、全国4県合計7つの拠点で活動を行っている。年平均25,000人の児童生徒を対象とした教育旅行における自然体験活動を柱に、企業や行政、国際機関など多様な主体と協働を通した取組みを行ってきたが、2000年代に入ってから地域貢献を問題意識として持つようになった。

　具体的な地域創生への取組みとして無農薬・無化学肥料農業を挙げることができる。生産される農産物は、ホールアース自然学校の食材としての活用の他、近隣や都内の飲食店にも提供されている。この取組みは地域の耕作放棄地の活用や農村景観・農村生態系の保全にも寄与している。また、ジビエ事業は、全国各地で問題となっている獣害対策への取組みである。スタッフ数名が狩猟者となることから始まり、ジビエ料理教室やシカ革のクラフト教室、狩猟技術講習会などの開催を経て、地元自治体である富士宮市との協働で野生鳥獣解体処理施設「富士山麓ジビエ」を開設することとなったという。有害鳥獣駆除を行う地元猟師から買い取った獣は食肉として地域内外に流通し、活用されている。さらに、地域振興事業では、長年の自然学校事業の中で培われた知識や技術を地域に移転し、当該地域住民が地域資源を活用したツアーを行えるようになることを支援するものである。自然体験活動を柱とする自然学校の強みを活かした地域創生の取組みと言える。

○森の生活（北海道下川町）

　2005年に設立された特定非営利活動法人で、森林を活かしたSDGs未来都市に選定された下川町に所在している。町内の認定こども園・小学校・中学校・高等学校と連携して取組む森林環境教育事業や指定管理者として町営の宿泊交流施設の管理運営、起業家の誘致・支援など幅広い活動を行っている。

　「社会を形成するシステムの規模がコンパクトだからこそ、地域社会全体に変化を促しやすく、人の数が少ないからこそ、1人ひとりに出番と役割が生まれやすい」（麻生、2020）と農山村の強みを捉えており、森林サービス作業の担い手としての実践、下川町のパートナーとしてのSDGs推進支援、町への移住の支援につながるインキュベーション事業などの地域創生の取組みをしている。

○登別自然活動支援組織モモンガくらぶ（北海道登別市）

　2002年に設立された特定非営利活動法人で、指定管理者として管理運営する「登別市ネイチャーセンターふぉれすと鉱山」を拠点とした環境教育を柱としていたが、近年では福祉や市民活動支援の事業も展開している。

　「私たちの活動の特徴は、多くの市民の方々と一緒になって"新たな事業"を生み育てること、またエンパワーメントと権限委譲の仕組みをもってその実践の場があること」（吉元、2020）という考えに基づき、登別市の地域子育て支援拠点「富岸子育てひろば」での子育て支援事業、指定管理者としての「登別市市民活動センターのぼりん」運営を通して、地域支援を行うと共に新たな雇用の場を生み出すなど、地域創生に貢献している。

○南アルプス生態邑早川町営ヘルシー美里／野鳥公園（山梨県早川町）

　株式会社生態計画研究所が2008年から指定管理者として管理運営している宿泊施設および自然公園であり、これらの拠点や町内の集落を舞台としたエコツアーや町あるきプログラムを行っている。

「今後も都会と早川町の橋渡し役となり、地域創生のコーディネーターを務めていきたい」（大西、2020）という目的意識の下、都会と早川町をつなぐプログラムを通して、地域の価値の再発見や誇りの回復に貢献している。具体的には、耕作放棄地を多様な生物が集う農園に変える活動や農産物販売などを行っている。また、地域の小学校において科学教育の支援を行うことを通して、郷土愛を育み、教育移住を促進する役割を果たすなど多様な地域創生の取組みを展開している。

○公益財団法人キープ協会（山梨県北杜市）

1938年に建設された青少年訓練キャンプ場である「清泉寮」を母体に、「食糧」「信仰」「保健」「青少年への希望」を理想に掲げ、実践的なモデル農村コミュニティづくりを目指して設立された。創設者であるポール・ラッシュ博士の理念と行動力を基盤に、青少年教育、環境教育、保育、酪農、食育、製販事業などを行っている。

地域創生への取組みの1つとして、北杜市幼児環境教育事業がある。これは、市役所と保育園との協働によるもので、市内の保育園に対して環境教育プログラムを提供するものである。また、市内の高等学校のスーパー・サイエンス・ハイスクール事業への支援や地域の小学生のための遊びと育ちのための場づくりの支援などを行っている。

筆者は自然学校がESDによる地域創生の拠点となっていることの理由として、「①地域資源を活用した教育活動を展開していること、②協働を支えるコーディネーターであること、③事業化を得意としていること、の3つがあると考えている（増田、2020）。

①地域資源を活用した教育活動を展開していること

自然学校は地域の自然や文化、歴史、産業、人などの資源を活用した自然体験活動や生活体験活動などの教育活動を柱としている点に特徴がある。参

加者は、自然体験活動を通して、地域の自然や文化、地域そのものへの関心を得ることとなる。

　阿部（2017）は、持続可能な地域づくりとしてのESDの役割を「人的資源や自然資源、歴史資源・文化資源等の地域に存在する多様な資源を『見える化』し、そしてさらに『つなぐ化』することで自らの地域への誇りと信頼を回復させること」と述べている。自然学校も地域資源を活用した教育活動を通して当該地域の「見える化」と「つなぐ化」を促進していると言えるだろう。

②協働を支えるコーディネーターであること

　前掲の**表4-2**「自然学校の地域創生への具体的な取組み」において、「協働・交流」が挙がった。また、同アンケート調査では、「地域創生に取組むうえで大切にしていること」もたずねているが、92件の回答（複数回答可）のうち最も多かったのが「コミュニケーション」（40件）となり、具体的には「地域とのつながり」「連携・協働」「コーディネート」が含まれている。

　広瀬は「自然学校宣言2011」シンポジウムにおいて、自然学校の強みとして、「①高いコミュニケーションスキルを持つ、②機動力のあるチームとネットワークを持つ、③社会課題に対応するミッションを持つ」（立教大学ESD研究センター、2011）ことを挙げた。自然学校が地域資源を活用した教育活動を展開するためには、地域内のネットワーク（人や機関など）との協働やコーディネートが求められる。さらに、社会課題に対応する社会的役割を持つようになった自然学校は、地域内の協働を支えるコーディネーターとしての役割を果たすようになったと言えるだろう。

③事業化を得意としていること

　自然学校は、地域資源を活用したエコツアーや各種教育活動により参加者と対価を得ること、すなわち事業化によって成り立っている。前掲の「森の生活」は、自らの地域創生の役割として移住者の受け皿として機能しながら、

スタッフの起業や事業化を後押しするインキュベーションを挙げている。また、「登別自然活動支援組織モモンガくらぶ」は、子育て支援事業への参画を通して、それまで無償ボランティアとして関わっていたメンバーの雇用を生み出すことにつなげた。

　阿部（2012）は、「ESD拠点としての自然学校は、持続可能な社会やサステナビリティというビジョンをかかげ、様々な資源・素材を有機的（統合的・総合的）につなぎ合わせることで、人づくりを事業化し、社会・経済的にも地域の自立性を高めることに貢献できる施設である」と述べている。地域創生には、持続性や継続性が求められる。それらを支えるものが、資金を生み出す事業化である。事業化を得意とする自然学校は、ESDによる地域創生においてもその力を発揮できるものと考える。

第5節　これからの自然学校

　新型コロナウイルス感染症は自然学校にも大きな影響を与えている。日本環境教育フォーラムおよび自然体験活動推進協議会、日本アウトドアネットワークは、2020年と2021年に「新型コロナウイルス感染拡大に関する自然学校等への影響調査」を合計3回共同実施した。同調査報告書（2020）によると、全国の自然学校で総額21億円の被害が出ていることやプログラムの中止や延期によって、人々の自然体験の機会が奪われていることがわかった。今後は、この新たな社会課題と言える新型コロナウイルス感染症に向き合うことも、自然学校の役割と考えることが必要だろう。

　自然学校は、直接体験や参加者同士の交流を大切にしてきたが、コロナ禍においては大きな制限を受けている。しかし、その中でも新型コロナウイルス感染症対応ガイドラインの作成やそれに基づいたプログラムの実施、オンラインプログラムの実施や動画教材の作成と発信など、様々な取組みを行っている。コロナ禍で、子ども達は日々の学習や日常生活、遊びさえも制限を受けることとなり、ストレスを抱えている。同様に大人も自らの仕事や生活

の変更を余儀なくされることとなり、疲弊している状況である。その状況において、自然体験活動を通して人々を元気にできる自然学校への期待は大きい。筆者も自身の自然体験活動や全国の自然学校関係者との情報交換を通して、自然学校が果たせる役割は大きいと実感している。

　さらに、西村（2014）が「自然災害への救援活動と復興支援活動は自然学校の果たすことのできる役割の1つであるという認識もされるようになってきた」と指摘している通り、気候危機が叫ばれる近年において、この分野における自然学校の役割はますます大きくなると考えられる。実際に、阪神・淡路大震災では自然学校関係者が被災地支援で力を発揮しており、以降の地震や大雨などの自然災害においても各地の自然学校は活躍を見せている。

　山崎（2020）は、座談会「ESDによる地域創生と自然学校」（2019年11月）において、ホールアース自然学校の今後の展望として以下のように述べているが、筆者は気候危機とコロナ危機への対応という変化を求められる自然学校にとって、示唆深いコメントと受け取っている。

　　職員からは、ホールアース自然学校っていう屋号から『自然学校』を外すべきではないかという声も出始めています。自然学校という名前が社会からの見られ方を限定し、その瞬間に自分たちの可能性を狭めている。だからシンプルに『ホールアース』という屋号でいいんじゃないかと。自然学校はあくまで一部門。そんな議論が出るくらい、私たちの可能性は広がっているし、今こそ自然学校のリブランディングが必要と思います。

　上記2つの危機に直面する時代だからこそ、持続可能かつ災害からの回復力（レジリエンス）が高い地域社会づくりは緊急の課題となっている。その地域社会づくりを実現することに寄与するESDによる地域創生に取組む自然学校の役割はますます大きくなるだろう。自然学校に関わる者として、引き続き研究課題としていきたい。

引用文献

阿部治「地域をつくる人を育てるESD」（阿部治編『ESDの地域創生力』合同出版、2017年）10 ～ 25ページ

阿部治「ESD拠点としての自然学校」（阿部治・川嶋直編『ESD拠点としての自然学校』みくに出版、2012年）8 ～ 16ページ

麻生翼「特定非営利活動法人森の森の生活」（阿部治・増田直広編『ESDの地域創生力と自然学校』ナカニシヤ出版、2020年）87 ～ 91ページ

大西信正「南アルプス生態邑早川町営ヘルシー美里／野鳥公園」（阿部治・増田直広編、前掲書、ナカニシヤ出版、2020年）82 ～ 86ページ

小田切徳美『農山村再生』（岩波書店、2009年）

環境省「平成14年度中山間地域等における自然体験活動等を通じた地域活性化方策調査（自然体験活動受け入れ体制に関する調査）報告書」（2003年）

西村仁志「日本における「自然学校」の動向—持続可能な社会を築いていくための学習拠点へ—」（『同志社政策科学研究』8 巻 2 号、2006年）31 ～ 44ページ

西村仁志『ソーシャル・イノベーションとしての自然学校』（みくに出版、2013年）

西村仁志「自然学校による持続可能な社会へのイノベーション」（『環境教育』vol.23-3、2014年）17 ～ 28ページ

日本環境教育フォーラム「第 5 回自然学校全国調査2010調査報告書」（2011年）

日本環境教育フォーラム他「新型コロナウイルス感染拡大に関する自然学校等への影響調査調査レポート—2020年 9 月版（第 2 弾）—」（2020年）

降旗信一「自然体験を責任ある行動へ～自然体験学習論」（朝岡幸彦編『新しい環境教育の実践』光文堂出版社、2005年）73 ～ 105ページ

増田直広・小野麗佳「『自然学校と地域創生』に関するアンケート調査」（阿部治・増田直広編、前掲書、ナカニシヤ出版、2020年）119 ～ 127ページ

増田直広「自然学校が取り組むESDによる地域創生の実際」（『立教ESDジャーナル』第 5 号、2020年）32 ～ 35ページ

増田直広「自然体験活動」（日本環境教育学会他編『事典 持続可能な社会と教育』教育出版、2019年）212 ～ 213ページ

山崎宏他「座談会：ESDによる地域創生と自然学校」（阿部治・増田直広編、前掲書、ナカニシヤ出版、2020年）、107 ～ 117ページ

吉元美穂「特定非営利活動法人登別自然活動支援組織モモンガくらぶ」（阿部治・増田直広編、前掲書、ナカニシヤ出版、2020年）92 ～ 97ページ

立教大学ESD研究センター「自然学校宣言2011シンポジウム報告書」（2011年）

第5章　ESD拠点としての社会教育施設

冨田　俊幸

第1節　社会教育施設とESD/SDGs

　社会教育施設は、社会教育法において社会教育活動で利用される施設、あるいは社会教育行政が所管する施設とされており、具体的には、公民館、図書館、博物館が挙げられているが、確定的に示した法律や定義がないため明確にすることは難しい。社会教育は、社会教育法において学校教育の領域を除いたあらゆる組織的な教育活動を対象としているため、民間での教育活動も含まれる。そのため、環境学習施設、カルチャーセンターや体育およびレクリエーション活動などの施設も社会教育施設に含まれると考えられ多種多様である。本章では、ESD拠点としての機能を有しているESD活動支援センターと地域ESD拠点、JICA地球ひろば（国際協力機構）、環境保全活動等の拠点、体験の機会の場、地球温暖化防止活動推進センター、環境学習施設、公民館、図書館、博物館（科学館、動物園・水族館）、ジオパーク、公害資料館、子ども食堂を取り上げる。

　社会教育施設の取組には、ESDの紹介やSDGsの採択がなされる以前から、ESDやSDGsに関わる内容が組み入れられていた。例えば、教養を高める講座や公民館における地域づくりの活動等、博物館における文化や歴史に関する学習、動物園水族館における種の保存や生物多様性に関する学習などが挙げられる。現在、社会教育におけるESDの普及推進とSDGsに向けての取組が、多様な社会教育施設で進められている。本章ではESD拠点としての社会教育施設の役割を押さえ、社会教育施設の状況を個別に紹介していき、ESD拠点としての社会教育施設の広がりを見ていく。そして、社会教育施設におけるESDの普及推進とSDGsに向けての活動には、施策や法令、国内外の社会教

育施設とその専門家で構成された団体が大きな影響を与えていることを確認していく。また、公害や子どもの貧困といった社会問題を端緒に、地域創生や貧困対策としてのESDの取組を紹介する。最後には、ESD拠点としての社会教育施設が、学校および地域の連携・協働に果たす役割について考える。

第2節　ESD拠点としての社会教育施設の役割

　「人口減少時代の新しい地域づくりに向けた社会教育の振興方策について（答申）」（中央教育審議会、2018）[1] において、社会教育施設には住民の資質・能力を高めてその力を地域活動に生かす人づくり、地域の課題解決や地域の活性化につながる地域活動による地域づくり、地域活動を通しての住民のきずなづくり等の役割が期待されている。社会教育法や答申が指摘している社会教育施設における地域の学習や活動の拠点機能、住民主体の地域づくりの機能、持続可能な共生社会の構築に向けた取組、関係機関と連携・協働による事業の実施は、ESDそのものと言えるだろう。
　ESD拠点としての社会教育施設は、持続可能な社会や持続可能性というビジョンを掲げて、関連する施設や団体と連携・協働し、様々な物的および人的な資源を活用して、持続可能な社会の担い手としての人づくりや地域コミュニティの持続的発展に貢献するESD実践の場であり、ESDの情報収集や発信を行い、ESDの地域活動を支援している。

第3節　ESD拠点としての各社会教育施設の成り立ちと状況

1　施策、法令によるESD拠点

（1）ESD活動支援センターと地域ESD拠点
　ESD活動支援センター（以下、全国センター）[2] は、2016（平成28）年に文部科学省と環境省により、全国的なハブ機能を担うESD活動支援の拠点として開設された。翌2017（平成29）年には、ESD推進ネットワークの体制

整備のため、地方ESD活動支援センター（以下、地方センター）が、全国8ブロックごとにESD推進ネットワークの広域的なハブ機能を担い、ESDの情報の収集・発信、ESD支援体制の整備、ESDネットワーク形成と学び合いの促進、人材の育成の4つの機能を有する総合的なESD拠点施設として開設された。

　2017（平成29）年11月からはESD推進ネットワークの中で中核的な役割を果たす地域ESD活動推進拠点（地域ESD拠点）への組織・団体の登録が開始され、2021（令和3）年3月には139地点となっている。地域ESD拠点は、地方センターのパートナーとして、地域におけるESDの支援窓口として、行政・企業・団体・学校等や、他の地域ESD拠点等とも連携し、各地域・各分野で取り組まれるESDを支援している。

（2）JICA地球ひろば

　JICA（独立行政法人国際協力機構）⁽³⁾は、2003（平成15）年に独立行政法人国際協力機構法が施行されて、旧国際協力機構と旧国際協力銀行の海外経済協力部門が統合し、開発途上地域等の経済および社会の開発、復興や経済の安定に寄与することを通じて、国際協力の促進、我が国および国際経済社会の健全な発展に資することを目的に設立された。その中でJICA地球ひろば（東京都新宿区）は、JICA本部や全国のJICA国内拠点（国内15か所）と連携して市民参加協力事業の一部をとりまとめており、市民参加による国際協力の拠点として、国際協力に関わる市民団体の情報発信や交流、研修の拠点としての総合的なESD拠点と言える。施設は、多くの市民が訪れ開発途上国の人々への共感や連帯感を育む場となっており、体験ゾーンとして展示・相談スペース、交流ゾーンとして会議室、食ゾーンとして食堂がある。ワークショップ等の各種イベント・セミナー、コンテスト・コンクールの募集、開発教育・国際理解教育の研修や実践・教材の貸し出し、海外の事業現場訪問、JICA海外協力隊としてのボランティア派遣などのプログラムがある。

（3）環境保全活動等の拠点

　環境保全活動等の拠点は、2003（平成15）年に公布された環境保全活動・環境教育推進法第19条（2011（平成23）年には環境教育促進等法に改正）によって整備された。環境教育等促進法第19条第1項に基づく拠点として、全国を担当地域とする地球環境パートナーシッププラザ（GEOC）[4]と地方ごとに8つの環境パートナーシップオフィスがある。また、各都道府県や各政令指定都市には、環境教育等促進法第19条第2項関連拠点の施設がある。これらの施設は環境教育や環境保全活動の推進拠点として、環境保全活動、協働取組等を効果的に推進するための情報提供、相談、交流等の拠点としてのESD拠点である。情報の収集や発信、地域活動の支援、NGO/NPO、企業、行政、学校、専門家などによるパートナーシップを形成して環境に関連した課題解決を進めている。

（4）「体験の機会の場」の認定制度

　体験の機会の場の認定制度[5]は、2011（平成23）年に公布された環境教育等促進法第20条によるもので、民間の土地・建物の所有者等が土地・建物を自然体験活動などの体験活動の場として提供する場合に、都道府県知事等の認定を受ける制度であり、人づくりのESD拠点である。代表的なものは、2012（平成24）年に全国初で山梨県知事に認定された公益財団法人キープ協会の清泉寮新館およびキャンプ場を含むその周辺の森林である。「環境教育指導者養成セミナー（清里インタープリターズキャンプ）」を実施して、環境教育プログラムの体験学習を通してインタープリター（環境教育指導者）が養成されている。

（5）地球温暖化防止活動推進センター

　1998（平成10）年に公布された地球温暖化対策推進法第25条に基づき全国地球温暖化防止活動推進センター（全国センター）[6]が環境大臣により、地域地球温暖化防止活動推進センター（地域センター）が各都道府県知事や

政令指定都市・中核都市の市長により指定されている。全国センターの目的
は、地球温暖化対策に関する普及啓発等を行うことにより地球温暖化防止に
寄与する活動の促進を図ることにある。地球温暖化防止活動推進員を派遣す
る推進員派遣事業へのサポート、地球温暖化に関する情報収集および情報発
信等を行っている。地域センターの主な活動は、地球温暖化防止に関する啓
発・広報活動、情報提供活動、照会・相談活動、活動支援、調査・研究活動
などである。地球温暖化防止活動推進員の養成や地球温暖化防止活動推進員
と連携した活動も行われている。地域ESD拠点になっている地球温暖化防止
活動推進センターもある。

　政府による施策と法令によって設置されたESD活動支援センターとESD
拠点は、目標・計画の策定や地域でのESD活動の支援というトップダウンの
取組と、ハブ機能をもつ拠点と地域の拠点のネットワーク形成、NGO/NPO、
企業、行政、学校との連携・協働によるESDの普及推進が図られている。
JICAは開発教育・国際理解教育の視点、環境保全活動等の拠点は環境学習・
環境保全活動推の推進の視点、「体験の機会の場」の認定制度ではインター
プリター養成の視点、そして地球温暖化防止活動推進センターは地球温暖化
防止の視点からESDの普及推進とSDGs達成に向けての支援を進めている。

2　地方自治体による地域に根ざした社会教育施設

　文部科学省の社会教育調査[7]では、2018（平成30）年には公民館が
14,281施設（類似施設を含む）、図書館が3,360施設、博物館（同種施設を含む）
が5,738施設あり、地域住民にとって身近な施設となっている。また、2007（平
成19）年の環境学習施設ネットワークによる環境学習施設に関する全国実態
調査[8]では、環境学習施設は2006（平成18）年の時点で全国の約25％にあ
たる313の自治体に合計526施設ある。

（1）公民館

　公民館は、社会教育法において、市町村その他一定区域内の住民のために、

実際生活に即する教育、学術および文化に関する各種の事業を行い、住民の教養の向上、健康の増進、情操の純化を図り、生活文化の振興、社会福祉の増進に寄与することを目的としている。公民館は、地域の学習や住民活動の拠点であり地域に根ざしたESD拠点と呼ぶにふさわしい社会教育施設である。なお、本章では、いわゆる自治公民館は含まない。

地方自治体としてESDに取り組んでいる岡山市は、2005年に国連大学からRCE（Regional Centers of Expertise on Education for Sustainable Development：ESDを推進するための地域拠点）に認定され、公民館を地域でのESDの拠点施設と位置づけている。地区公民館は、各館の社会教育主事を中心にそれぞれの地区の実情に合わせて、全館でESDを推進している。本章では、ESDが提唱された2002年（ヨハネスブルグ・サミット）の翌年からいち早く市民と公民館の協働によるESDを通した地域づくりと人づくりに取り組んでいる京山地区を取り上げる。岡山市北区京山地区は、2万5,000人、1万2,000世帯が暮らしており、小中高等学校さらには大学等が位置する文教地区である。学校教育、岡山市立京山公民館や岡山県生涯学習センター、そして岡山県総合グラウンド等の行政および社会教育、NPOや企業等の三者によって京山地区ESD推進協議会（現在は京山地区ESD・SDGs推進協議会に改名）[9]が構成されており、京山地区公民館は事務局として組織の中核となっている。京山地区の特徴は、「一人の百歩より百人の一歩」を合い言葉にESDを取り入れて、小中高等学校や大学といった教育機関の教員および児童生徒と学生、社会教育施設、市民団体やコミュニティ団体、企業関係者などが共に学び合い、地域ぐるみで取り組んでいる点にある。具体的な活動としては、環境てんけんや源流体験エコツアーといった環境活動、京山みんなカフェや子育てトークといった交流・支援活動、交通安全活動が行われている。

世界的な公民館・CLC（Community Learning Centre：アジア地域のユネスコが設置を推奨し、タイやインドネシア、ベトナムなどの諸国に設置が進んでいるコミュニティ学習センターで、日本の公民館に近い性格を持って

いる）の動向としては、国連持続可能な開発のための教育の10年（2005-2014）の最終年の会合が名古屋市と岡山市で「持続発展教育（ESD）に関するユネスコ世界会議」が開催された2014（平成26）年に「ESD推進のための公民館－CLC国際会議—地域で学び、共につくる持続可能な社会—」が、岡山で開催されている。採択された「岡山コミットメント2014」[10] では、公民館は、図書館や博物館、学校などの教育機関、他の行政機関、企業、NPOやNGO等のネットワークをつくり、持続可能な地域づくりに取り組むことが重要であると指摘している。

（2）図書館

　図書館は、図書館法において、図書、記録その他必要な資料を収集し、整理し、保存して、一般公衆の利用に供し、その教養、調査研究、レクリエーション等に資することを目的とする施設とされている。2017、2018（平成29、30）年改訂学習指導要領[11] に記載されている（よりよい学校教育を通じてよりよい社会を創るという目標を学校と社会とが共有し、それぞれの学校において、必要な教育内容をどのように学び、どのような資質・能力を身に付けられるようにするのかを明確にしながら、社会との連携・協働によりその実現を図っていく）社会に開かれた教育課程の実現に向けての学校との連携強化や、関係部局と連携しての個人のスキルアップや就業支援、地域課題の解決や地域の先駆的・主体的な取組の支援のレファレンス機能の充実などの情報の拠点、地域住民の交流の場としてのESD拠点となりうる。

　世界的な動向としては、世界各国の図書館協会や図書館・教育研究機関を会員とするIFLA（国際図書館連盟）が、2015年「すべての人にアクセスとチャンス：国連2030アジェンダに図書館はどう貢献するのか」[12] の中で、図書館は、SDGsを助ける重要な機関であるとし、すべての人が情報を利用できるコミュニティは、貧困や不平等の撲滅、農業の改善、質の高い教育の提供、人々の健康、文化、研究と革新の支援をうまく進めていくことができるとしている。

　京都府教育委員会が2018（平成30）年度に策定したアクションプラン「社会的自立に向けた不登校児童生徒支援計画」に基づき、京都府立図書館では、不登校児童生徒を対象とした取組が実施されている。学校外の教育支援センター・適応指導教室や府認定フリースクールに通所する児童生徒の読書活動の機会の充実を図るため、府内の市町村立図書館・読書施設と連携して図書を貸し出している。これらの支援は、誰も取り残さないというSDGsの理念、IFLAのアクセスの保証に通じるものであり、多様な利用者である不登校の児童生徒、あらゆる地域住民の社会的包摂に寄与するものである。

（3）博物館

　博物館は、博物館法において、歴史、芸術、民族、産業、自然科学等に関する資料を収集し、保管し、展示して、教育的配慮の下に一般公衆の利用に供し、その教養、調査研究、レクリエーション等に資するために必要な事業を行い、あわせてこれらの資料に関する調査研究をすることを目的とする機関とされている。社会に開かれた教育課程の実現に向けて、地域の学校における学習内容に即した展示・教育事業の実施や教師の授業支援につながる教材やプログラム提供等の場、地域住民の交流の場としてのESD拠点となりうる。

　世界的な動向としては、ユネスコ総会は、2015年に世界における新しいミュージアム像ともいえる博物館勧告 (13) を採択している。その中で博物館は、自然と人類の文化の有形無形の証拠を安全に守るための最も重要な機関としている。また博物館は、文化の伝承、異文化間の対話、学習、討論及び研修の場として、教育（フォーマル教育及びインフォーマル教育並びに生涯学習）や社会的結束及び持続可能な開発においても重要な役割を担う持続可能な開発のパートナーであると記載している。

　和歌山県立自然博物館は、自然を中心に調査・研究、標本および資料の収集を進め、それらを活用したESDの教育・啓発活動を展開している。2016〜2018（平成28〜30）年度には、「環境省 環境教育・学習拠点における「ESD

推進」のための実践拠点支援事業（ESD実践拠点支援事業）」[14]において、高校生が地元に就職することを目指して、学芸員が第一次産業従事者と連携して地域資源の再発見や新たな気づきを促す質の高い教育を実践している。第一次産業生産者、NPO、自治体関係者などの主体と学芸員および高校教員との交流や連携から話し合いの場が創出され様々な協力関係がつくられてESD実践の拠点となった。

　科学館の多くは資料を持たないが、博物館職業人のための組織である国際博物館会議（ICOM）の規約（2007年改定）[15]によると、博物館は、社会とその発展に寄与し、一般に公開され、教育・研究・楽しみを目的として、人類とその環境の有形・無形の遺産を、取得・保存・研究・交流・展示する、非営利で常設の機関とされており、無形の遺産も含まれることから科学館は博物館に含まれる。

　世界の科学館の動向としては、世界科学館会議を引き継ぐ形で発足した2014年の第1回世界科学館サミット[16]において、世界中の科学館が社会へ貢献し続けることを決意したメヘレン宣言が出されている。東京で開催された世界科学館サミット2017[17]に先立ち2017年6月に署名・7月に公開された「東京プロトコール〜『持続可能な開発目標（SDGs）』の達成に向け科学館が果たすべき役割〜」[18]がまとめられている。科学・技術・工学・数学（STEM）教育が、SDGsの課題解決に不可欠であること、世界の約3,000の科学館が年間3億1千万人以上もの来館者に影響を与えていることなどを認識しながらSDGs達成に取り組むことを宣言している。科学技術普及の拠点である科学館等の連携促進を図るために設立された全国科学館連携協議会では、持続可能な未来社会に向けて科学館の果たす役割を見つめなおし、科学コミュニケーション活動や教育活動（STEM）の充実を目指している。科学館は、子どもから大人までを対象とした学習の場としてのESD拠点となりうる。

　日本科学未来館[19]では、教育関係者にはSDGsワークショップ「気候変動から世界を守れ！」の教材を提供し、高校生や中学生には体験学習を実施

している。学習内容は、持続可能な開発目標（SDGs）の17の目標の一つである「気候変動に具体的な対策を」をテーマにしたボードゲームである。国のリーダーとなって、気候変動から国を守るために科学情報や自国の経済事情などをもとに国の方針を決めていく中で、意見の相違に触れたり、事情の異なる人と議論したりすることで、グローバルな視点や思考力を養い、課題解決における対話の重要性を学ぶ。また、SDGsの中でも広く他の目標に影響を与えている「気候変動」を中心にSDGsに向けて重要な「パートナーシップ」の重要性を体験するものである。

　動物園・水族館には、種の保存、教育・環境教育、調査・研究、レクリエーションという4つの役割がある。種の保存や絶滅危惧種、生物多様性の保全、動物の生息環境の破壊、それらの原因となる環境問題に関わる情報提供や保全教育、さらには里山の保全や海川の保全、地域における参加・体験型学習、各種団体との連携・協働、地域の人々とのつながりによる文化の継承といった様々な活動が進められているESD拠点になりうる。その特徴は、子どもから大人までの多様な世代、多様な集団に対してレクリエーションを通して保全教育およびESD実践の場である。

　世界的な保全教育への取組としては、2020年に世界動物園水族館協会（WAZA）と国際動物園教育者協会（IZEA）が、「保全のための社会変革—世界動物園水族館保全教育戦略[20]を策定し、組織内で保全教育の文化を構築し、多様な来園者に対応した戦略的保全教育計画を作成することを促している。明確なメッセージ、説得力のあるコンテンツ、革新的なプログラムを設計して配信し、動物園や水族館による保全教育の貢献、価値、効果の証拠を確かなものにしようとしている。我が国では、2018（平成30）年に第59回日本動物園水族館教育研究会出雲大会[21]が、「動物園水族館とESD」をテーマに開催されている。

　横浜市立よこはま動物園「よこはま動物園ズーラシア」[22]では、小学校4〜6年生を対象にした野生動物や自然環境の多様な状況を知ることで、自分と環境との関わりを考える総合力を次世代へつなぐことを目的とした

ESDの実践「ズーラシアスクール」を実施している。毎回一つの気候帯とそこを代表する動物種を題材に、「ホッキョクグマと地球温暖化」や「オランウータンとパーム油」、「日本の絶滅危惧種」などについて動物観察やゲーム、ディスカッションや発表などを行い、ESDの視点を取り入れた学びの場を提供している。

（4）環境学習施設

環境学習施設は、主として都市域の地方自治体にあり、従来のゴミ処理施設や併設されたリサイクルプラザ等が機能を拡充・強化されたものと、新規に設置されたものがある。1990年代以降、地方自治体は新規に環境教育の拠点機能を担う公共施設として、環境学習情報館、環境情報センター、エコプラザ、リサイクルプラザ等の名称で環境学習施設を設置している。これらの多くの環境学習施設は、廃棄物（ゴミ）、エネルギー、水環境等の生活に関わる問題の解決をテーマとしており、廃棄物の5Rや再生可能エネルギーの利用、生態系サービス等の学習による人づくりのESD拠点と言えるものであり、持続可能な社会の実現に向け、循環型社会、低酸素社会、自然共生社会に向けた取組が行われている。

3　ジオパーク

ジオパーク[23]とは、地質学的重要性を有するサイトや景観が、保護・教育・持続可能な開発が一体となった概念によって管理された、単一の、統合された地理的領域である。2004年に設立した世界ジオパークはユネスコの支援を受け活動してきたが、2015年第38回ユネスコ総会においてユネスコの正式事業になり、名称がユネスコ世界ジオパークとなった。

2013（平成25）年に市全域が日本ジオパークに認定された三笠ジオパーク（三笠市立博物館等）は、2016 〜 2018（平成28 〜 30）年度に実施された「環境省 環境教育・学習拠点における「ESD推進」のための実践拠点支援事業（ESD実践拠点支援事業）」[14]におけるESD実践拠点となり三笠ジオパーク

ESD推進協議会を設置し、その後2019（平成31）年に地域ESD活動拠点になっている。三笠市立博物館の巨大なアンモナイトの化石や戦後の日本を支えた炭鉱関連施設の遺構などは壮観で、地域の貴重な自然や歴史や文化に関する学習を学校教育と社会教育が、連携・協働して持続可能な社会づくりに取り組んでいる。

　世界ジオパークでは、その理念として地質学的重要性の保護や教育とともに、持続可能な開発を一体としており、地質・地形についての理解を基礎として、地質・地形の知識を保全や観光へと結びつけ、持続可能な社会づくりへ参画する教育活動を視野に入れた活動を進めるESD拠点となっている。

4　我が国特有の社会教育施設

（1）公害資料館

　公害資料館[24] は、公害地域で、公害の経験を伝えようとしている施設や団体のことを指し、機能としては、展示機能・資料館機能・研修受け入れ（フィールドミュージアム）の3分野のどれかを担っており、ハードとして建物を所有していることは問わないとされている。公害の経験から得られた貴重な教訓を発信するためのリーフレットの作成、語り部の活動などの資料館の運営が、NGO、自治体、政府などの連携・協力によって進められている。公害資料館ネットワーク[24] では、各地の公害資料館等が実践してきた「公害を伝える」取り組みを共有し、多様な主体と連携・協働しながら公害を学ぶ意義を全国、そして世界に発信している。ジャパンレポート[25] にも掲載された公害資料館による環境保全を軸とした地域おこしの取組が、北九州市環境ミュージアム、熊本県水俣市の水俣市立水俣病資料館、大阪市西淀川区のあおぞら財団付属西淀川・公害と環境資料館などで進められており、スタディツアーを実施して日本国内はもちろんのこと海外からの参加者を受け入れている。公害資料館の活動は、過去の公害経験を教訓とした社会教育、現在から未来への地域再生の取組であり、未来を創造する地域づくりのESD拠点といえる。

（2）子ども食堂

　子ども食堂のはじまりは、東京都大田区にある八百屋の店主が、朝ごはんや晩ごはんを十分に食べることができない子どもたちがいることを知ったことで、2012（平成24）年に始めたといわれている。2020（令和2）年のNPO法人全国こども食堂支援センター・むすびえ⁽²⁶⁾の調査では、子ども食堂の数は全国で5086か所に達している。子ども食堂のよいところは、手作りで温かい食事が格安で食べられること、アットホームな雰囲気で誰かと食事ができること、子ども同士、親同士のコミュニケーションが取れるところにある。子ども食堂は、食事の支援のみならず、学習支援、居場所、食育、地域づくり、子育て支援、フードバンクとの連携などが進められている子どもの貧困対策と地域交流拠点という2つの役割を担うESD拠点といえる。

　子ども食堂を開催するためには、食材や場所を用意するだけでなく、調理などを行うボランティアスタッフも必要である。子ども食堂を継続するためには、ヒト・モノ・カネが必要であり、地域住民や企業によるお米や食材の寄付、資金や場所の提供などの支援や社員によるボランティアや助成などの協働事業が重要となっている。貧困問題に果敢に取り組む子ども食堂は、課題解決のESDといえる。

第4節　ESD拠点としての社会教育施設と学校および地域の連携・協働

　ESD拠点としての社会教育施設である図書館、博物館、公民館が、学校と連携することで、学校はそれらの施設や人材を活用して学習活動を充実させることができる。特に総合的な学習の時間は、休日等に学校外で授業を行う条件を明確化することで、授業時数の4分の1程度まで社会教育施設で行うことが可能となっている。学校にとって社会教育施設との連携は、授業改善を図る上で大きなメリットがある。一方、ESD拠点としての社会教育施設が学校と連携することは、子どもがどのような学習内容を、いつ、どのように

学んでいるのかを知ることができるので、子どもを対象にした事業の見直しなどに役立つ。また、連携を通じて子どもたちが社会教育施設を知ることで、活用するきっかけにもなり、社会教育施設にとっても学校との連携は、大きなメリットがある。

　社会教育施設は、地域づくりを進めていく上で地域の課題に対応した地域の将来を考える参加型講座や世代間での交流イベントなどを開催することで、地域住民とのつながりを深める。そして、これまで地域づくりに関する活動を行っている方々に加え、新たに地域の担い手となるような方の参加も促すことで、より多くの地域住民による地域課題の解決につなげていくようなことも考えられる。

　ESD拠点としての社会教育施設は、学校および地域との連携・協働を進めることで持続可能な社会の実現に向けて重要な役割を担っているのである。

注

（1）中央教育審議会：人口減少時代の新しい地域づくりに向けた社会教育の振興方策について（答申）、2018、https://www.mext.go.jp/component/b_menu/shingi/toushin/__icsFiles/afieldfile/2018/12/21/1412080_1_1.pdf（2021年3月31日最終確認）
（2）ESD活動支援センター https://esdcenter.jp/（2021年3月31日最終確認）
（3）独立行政法人国際協力機構（JICA）：https://www.jica.go.jp/index.html（2021年3月31日最終確認）
（4）地球環境パートナーシッププラザ：http://www.geoc.jp/（2021年3月31日最終確認）
（5）環境省：「体験の機会の場」の認定制度についてhttp://www.env.go.jp/policy/post_57.html（2021年3月31日最終確認）
（6）全国地球温暖化防止活動推進センター：https://www.jccca.org/（2021年3月31日最終確認）
（7）文部科学省：「社会教育調査」https://www.mext.go.jp/b_menu/toukei/chousa02/shakai/kekka/k_detail/1419659.htm（2021年3月31日）
（8）環境学習施設ネットワーク：「環境学習施設レポート」http://pinkfox5.sakura.ne.jp/awr99632/wp-content/uploads/2019/01/070901_report.pdf（2021年3月31日最終確認）
（9）岡山市京山地区ESD・SDGs活動：https://www.kc-d.net/pages/esd/（2021年3月31日最終確認）

(10) ESD推進のための公民館—CLC国際会議:「岡山コミットメント（約束）2014」http://www.esd-jpnatcom.mext.go.jp/conference/20141104_okayama/pdf/CLC_jp.pdf（2021年3月31日最終確認）

(11) 文部科学省:「平成29・30・31年改訂学習指導要領」https://www.mext.go.jp/a_menu/shotou/new-cs/1384661.htm（2021年3月31日最終確認）

(12) 国際図書館連盟:「すべての人にアクセスとチャンスを」https://www.ifla.org/wp-content/uploads/2019/05/assets/hq/topics/libraries-development/documents/access-and-opportunity-for-all-ja.pdf（2021年3月31日最終確認）

(13) 第38回ユネスコ総会採択:「博物館及びその収集品並びにこれらの多様性及び社会における役割の保護及び促進に関する勧告」https://www.mext.go.jp/unesco/009/1393875.htm（2021年3月31日最終確認）

(14) 環境省:「〜SDGs達成に向けた〜持続可能な地域の創り手を育む"学びの場"づくりガイドブック」https://www.env.go.jp/press/files/jp/112347.pdf（2021年3月31日最終確認）

(15) ICOM日本委員会:「イコム規約」https://icomjapan.org/wp/wp-content/uploads/2020/02/ICOM_Statutes_JP.pdf（2021年3月31日最終確認）

(16) 世界科学館サミット（SCWS）2017: https://scws2017.org/jp/（2021年3月31日最終確認）

(17) 全国科学館連携協議会: http://jasma.sc/（2021年3月31日最終確認）

(18) 世界科学館サミット（SCWS）2017:「東京プロトコール」https://scws2017.org/jp/tokyo_protocol/（2021年3月31日最終確認）

(19) 日本科学未来館: https://www.miraikan.jst.go.jp/（2021年3月31日最終確認）

(20) 世界動物園水族館協会: https://www.waza.org/wp-content/uploads/2020/10/10.06_WZACES_spreads_20mbFINAL.pdf（2021年3月31日最終確認）

(21) 日本動物園水族館教育研究会: https://jzae.jp/（2021年3月31日最終確認）

(22) よこはま動物園ズーラシア: http://www.hama-midorinokyokai.or.jp/zoo/zoorasia/（2021年3月31日最終確認）

(23) 日本ジオパーク委員会: https://jgc.geopark.jp/whatsgeopark/index.html（2021年3月31日最終確認）

(24) 公害資料館ネットワーク: https://kougai.info/（2021年3月31日最終確認）

(25) 国連持続可能な開発のための教育の10年（2005〜2014年）ジャパンレポート http://www.cas.go.jp/jp/seisaku/kokuren/pdf/report_h261009.pdf（2021年3月31日最終確認）

(26) 全国こども食堂支援センター: https://musubie.org/（2021年3月31日最終確認）

第3部　つながりをつくる

第6章　サステイナブル・ツーリズムの
世界的潮流と環境教育の効果

森　高一

第1節　観光にサステナビリティを～サステイナブル・ツーリズムの世界的潮流～

1　世界的な観光産業の成長

　2020年、世界は新型コロナウイルス感染症によって、一斉に人の動きが止まった。欧米諸国はクラスターの発生する都市をロックアウトし、人の移動や域外からの受け入れを厳重に制限する対策をとる。その影響を大きく受けたのが飲食などのサービス業、そして観光業であった。

　それまで観光産業は、世界的に右肩上がりに成長していた。UNWTO（世界観光機関）の統計によれば、2018年の国際観光客数は前年比５％増の14億人となり[(1)]、これは2010年比で1.5倍、年率５％増を続けていた計算になる。そして旅客輸送を含めた国際観光収入は１兆7,000億USドルと試算され、これは自動車製品や食料よりも大きな輸出区分となっていた。2020年の統計はこれを大きく下回るものになることは確実で、航空をはじめ宿泊や飲食など観光産業を担ってきた多くの事業者が厳しい経営状況に陥っている。

　ここまで世界で観光産業が成長してきた背景には、堅調な経済成長と安定した為替相場を背景に、特にアジアを中心とした新興国の中所得者層が増加していることと、航空送客力の増大とコストの低減、各国の観光政策によるビザの簡易化のほか、インターネットの普及による情報のアクセスビリティの飛躍など、時代的な恩恵があった。

　そもそも天然資源を開発、消費する製造業ではなく、人のサービスによる

価値創造となる観光産業は、環境負荷の少ない産業としても期待されていたところもある。加えて先進国新興国のギャップが少なく、工業化の基盤のない新興国・地域においても収入を得られる産業として歓迎されてきた面がある。観光産業は2009年のリーマンショックの際に観光客数、収入ともに一時停滞したものの、その後も力強く成長してきた。そして今回の新型コロナ感染症の大きなインパクトを経て、再び成長路線に戻ることが予想されている。

2　サステイナブル・ツーリズムの潮流

そうした光の面が大きく見える観光産業において、課題として指摘されてきたのがオーバーツーリズムである。特定の地域へ観光客が集中することで、本来の地域コミュニティの生活や安全に支障が生じ、保全すべき自然環境へ悪影響が出る事例が世界各地で提起された。日本では、修学旅行先の定番であり多くの寺社仏閣が世界遺産になっている京都市内や、登山シーズンの富士山などがよく取り上げられるが、観光による持続可能性を脅かす事態はどこにでも起こりうる。

1990年代以降、世界でサステナビリティへの意識が高まる中で、観光においても例外ではなかった。また、欧米をはじめ旅行者の志向としてもサステナビリティへの取り組みが、旅先を選ぶ基準にも上がっていった。

UNWTOは2005年に、サステイナブル・ツーリズムについて次のように定義している。「訪問客、業界、環境および訪問客を受け入れるコミュニティのニーズに対応しつつ、現在および将来の経済、社会、環境への影響を十分に考慮する観光」[2]

ここで押さえたい点は、

- ・「現在」と「将来」の　→すなわち「世代間の公平」
- ・「社会的」「経済的」「環境的」な影響の熟慮　→いわゆるサステイナブルの3つの柱
- ・「訪問客」ならびに「産業」　→これは旧来の観光産業の関係

・「環境」　→ここでエコツーリズムの視点
・「観光の受け入れ側コミュニティ」のニーズに対処　→これがサステ
　イナブル・ツーリズムで打ち出された視点

であり、サステイナブル・ツーリズムにおいて、当該地域の持続性が重視
されることが明確に示されている。

　その背景には、これまでの観光開発が地域への配慮なく、事業者側の一方
的な開発を伴ってきたことの裏返しとも言える。観光に限らず、先進国やグ
ローバルな資本が地域をモノ化し、地域の培ってきた文化や暮らし、生態系
を壊してきたことへの反動がある。

　2005年の時点で、国連の機関がこうした定義をしていることに注目したい
が、それ以降、世界の観光客数の驚異的な伸びと観光産業の隆盛ばかりが着
目され、世界の観光がサステイナブル・ツーリズムの具現化が伴っていたか
はギャップを感じざるを得ない。

　日本においても、新型コロナ以前のひたすら訪日外国人旅行者の数ばかり
を追った観光施策と報道はサステイナブルな視点が果たしてあったのか。こ
の新型コロナ禍を経験して、その見直しがなされることが期待される。

3　サステイナブル・ツーリズムの国際認証制度の進展

　2007年に、環境保護団体のRineforest AllianceやUNEP（国連環境計画）、
国連財団、UNWTOをはじめとした32のパートナーの連合として「グローバ
ル持続可能な観光基準のためのパートナーシップ」が結成され、世界の共通
言語として通用するサステイナブル・ツーリズム基準づくりが始まる。多く
の専門家や観光業界の協議のもと基準案が開発され、さらに自然保護活動家、
政府機関、業界のリーダーからのコメントを受けて、2008年10月IUCN世界
保全会議で正式にホテルやツアーオペレーターなどの「産業向け」の基準が
発表される。

　その後、2010年に組織の統合を経て、GSTC（Global Sustainable Tourism

図6-1　GSTCと認証団体の関係図

Council）として設立され、2013年には「観光地向け」基準を発表。以降基準の精査と管理、後述する国際認証の世界的な展開を促進している。

　GSTCは自らのビジョンを「観光は、社会的、文化的、経済的利益の手段としての可能性を満たす一方で、環境的および社会的影響の面での活動からの悪影響を取り除き、回避する」とし、ミッションを「持続可能な観光慣行に対する知識、理解、採用、需要の増加を促進することにより、持続可能な旅行と観光の世界における変化のエージェントになること」としている[3]。

　この国際認証のしくみは、**図6-1**のようにGSTCは世界共通の基準を示し、その基準をもとに個別の認証機関がそれぞれの基準を策定して、事業者や地域に認証を出すというものである。GSTCが直接事業者や地域を認証するものではない。

　具体的に言えば、地域の認証機関であるGreen Destinations（GD）はオランダに本拠を置き、GSTCスタンダードをもとにした100の基準を策定して、積極的に世界の持続可能な観光地の認証と支援を進めている。

4　日本での展開

　日本では、2012年にNPO法人日本エコロッジ協会がGSTC基準に認定され

た宿泊施設の基準を取得している。その後、2014年にNPO法人日本エコツーリズムセンターで、このGSTC国際基準の研究と普及に取り組み、地球環境基金の助成を受けて5年間基準の翻訳作業と国内での普及を目指すフォーラムを5つの地域で開催、合わせて地域への取り組み支援を行ってきた[4]。

2018年4月に国土交通省の国土交通政策研究所が「持続可能な観光政策のあり方に関わる調査研究」を発表[5]。日本エコツーリズムセンターからも情報提供を行い、海外の事例やサステイナブル・ツーリズムについての概念を政策に活かす基盤となる。

その後、観光庁長官を部長に「持続可能な観光推進本部」が2018年6月に発足。2019年度に「持続可能な観光指標に関する検討会」を設置して、国内で世界的な流れのサステイナブル・ツーリズムに即した展開にむけた検討を行う。そして2020年6月に「日本版持続可能な観光ガイドライン」（通称JSTS-D）の発表に至る[6]。

2017〜18年の時点では、まだ日本国内では持続可能な観光にオーバーツーリズムへの対応が色濃かったと言えよう。東京オリンピック・パラリンピックの開催を控え、訪日外国人旅行者の目標値ばかりがクローズアップされてきた時期である。方や日本の多くの地域は少子化と高齢化、人口減少とともに地場経済の停滞から、雇用の創出と経済活性化が直近の課題として大きく、いかに観光の誘客により地域の活性化をはかるかに目が向いていた。

経団連が企業の行動憲章にSDGsへの取り組みを盛り込んだのが2017年11月、その後企業でも取り組みがはじまり、社会的に浸透が進んでいった。また、環境省が第5次環境基本計画を策定し閣議決定されたのが2018年4月。そこでローカルSDGsと称される「地域循環共生圏」が打ち出される[7]。

地域循環共生圏で示される、人も物も経済も地域で循環し、自律した地域を各地に育て、それらがまた他地域とつながり循環を生むという考え方は、地域の持続性をつくり発展するモデルと評価できる。そこに新たなイノベーションを地域でおこし、エネルギーや移動においても脱炭素化をはかって、災害に強く、生物多様性を保全する自然と共生するライフスタイルを実現す

るなど、SDGsに紐づく要素を包括的に盛り込んでいる。

　GSTCの観光地向けの基準においても、観光事業の地域での促進を目指すものではあるが、実態として地域がいかに保全され、持続可能にマネジメントされていくかの色合いが濃いのが特徴である。

第2節　日本でのサステイナブル・ツーリズムの展開〜岩手県釜石市の取り組みから〜

1　釜石市で取り組むGreen Destinationsの国際認証

　岩手県釜石市、2011年の東日本大震災で大津波による被害を受けたのは記憶に新しい。この震災では三陸海岸から房総にかけてどこも甚大な津波の被害があったが、それ以前にも釜石では1896年（明治29年）、1933年（昭和8年）に大地震と津波で被災し、1960年（昭和35年）にチリで発生した大地震によるチリ地震大津波でも被害が出ている。また太平洋戦争末期にも艦砲射撃により市内が消失するなど、度重なる壊滅的な破壊とそのたびに復興をくり返してきた歴史がある。

　製鉄の町で知られ、古くは江戸時代安政年間に南部藩による溶鉱炉を使った近代製鉄に始まり、明治期に本格的な近代高炉による製鉄がスタート、戦前戦後と製鉄の町として成長してきた。大型船舶が入れる深度のある海の地形も活かし、寒流暖流がぶつかる三陸沖の漁場にも恵まれていたことから、製鉄と漁業で大いに栄えた歴史がある。そのため、歴史的にも観光地としての位置づけは薄く、特段の観光開発はなされてこなかった。

　東日本大震災の直後から多くのボランティアや事業者が釜石に入り、地域の復興に向けての取り組みが始まる。その中でがれきの撤去、被災住宅の清掃や生活再建に向けたさまざまな支援が全国から集まった。地域の方々と外部からのボランティアには自然と交流ができ、釜石市では復興支援員の制度をつくりそれをバックアップしていった。

　地域復興へのフェイズが進む2017年、市では「釜石オープン・フィールド・

ミュージアム構想」を打ち出す。地域の人や自然を活かし、外からの人との交流に軸足を置いた、持続可能な観光を目指すことがもので、GSTC基準のサステイナブル・ツーリズムに取り組むことがそこに盛り込まれた[(8)]。

その後、2017・18年に、GDの認証取得に向けて準備を進め、2018年GDの主催する「世界の持続可能な観光地100選」（TOP100）へエントリー。結果として日本で初めて選定を受けた。

それらの中心的な役割を果たしたのが久保竜太氏であり、GSTCとのつながりを持ち、GDの審査を担当するAsian Ecotourism Network（AEN）代表の高山傑氏がいる。日本エコツーリズムセンターは伴走者としてこの取り組みをサポートし、各地でGSTCトレーニングプログラムの開催、サステイナブル・ツーリズムの基礎を学ぶセミナーなどを継続的に展開してきた。これらの成果が観光庁の「日本版持続可能な観光ガイドライン」へつながり、今各地でGSTC基準を踏まえた取り組みへと発展してきたところである。

釜石市では、2018年にDMOである株式会社かまいしDMCを設立、そこにサステイナブル・コーディネーターとして久保氏が配され、TOP100の選定以降、本格的な認証取得への取り組みを進めている。

2 GDの認証制度

GDの認証制度について解説すると、GSTC基準をもとにしたGDの基準は100項目ある。このうち60項目をクリアすることが認証取得の第1段階となる。「TOP100」は、それよりも前の段階で、15項目のクリアを基準として毎年世界各地からの申請から選出される、いわば登竜門的な位置づけである。60項目のクリアでブロンズ、70項目でシルバー、80項目でゴールド、90項目でプラチナ、100項目すべてクリアして初めて認証取得となるある意味厳しい制度設計になっている（**図6-2**）。

その背景には、認証取得してゴールではなく、少しずつ前進をしながら継続していくことに重きが置かれており、まさに継続した地域マネジメントをいかに実現し続けるかがサステイナブル・ツーリズムの鍵なのである。

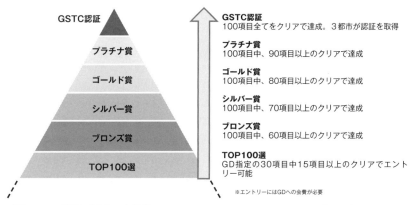

図6-2　【認証制度の例示】Green Destinations Standard（GDS）による GSTC認証取得までのステップ

　その100項目について見ていくと、大きく６つのテーマと23のカテゴリーに分かれている[9]。

　６つのテーマには、「ディストネーションマネジメント（観光地の管理）」、「自然と景観」、「環境と気候変動」、「文化と伝統」、「社会福祉」、「ビジネスとホスピタリティ」があり、エコツーリズムで重視される環境保全と地域の経済化にとどまらず、文化や福祉、人権、コミュニティの参加なども重視されているのがわかる。そして何よりマネジメントの態勢や実効性が大きく位置付けられている。

　また基準の前段に、当該地の面積や環境保全エリアの面積、自然の海岸線の長さ、保護されている文化財の数、廃棄物の処理のしかた、サステナビリティに配慮された公の購入基準、など地域の基本情報をベースラインアセスメントとして把握するところから始まる。

　釜石での実践から久保氏は、サステイナブル・ツーリズムの取り組みは、まずは地域がどのような状態にあるかを把握する自己診断ツールとしての役割が大きいと指摘する。その項目が幅広く、日本の行政で言えば複数の担当セクションにまたがり、専門性もステークホルダーも多岐にわたるため、それらと連携協働することが不可欠だ。そのため、関係する多様なセクション、

大きく言えば地域のサステナビリティに関わる全員とのコミュニケーション
ツールとしての役割がある。

　そして、一般に観光事業者が希求する認証取得による観光客の増大に結び
つくプロモーション効果はその先に位置付けられ、プロモーションのみを期
待するのであれば、短期的な成果は期待できないと言えよう。

　現在、釜石市ではサステイナビリティ・コーディネーターを務める久保氏
を中心に、釜石市の現状をGDの基準をもとにサーベイし、市のサステイナ
ビリティ・レポートの作成を進めている。その中で、どの分野が世界のサス
テイナブルの基準に照らし、地域ができていて、できていないのかを把握す
る。取り組めていない分野について、政策提言なりアクションプランを考え
る拠り所して活用するという。

　このような基礎的なデータの把握と、持続可能な地域づくりの戦略にむけ
るエビデンスを持つことは大きな強みになる。目の前の課題解決にむけて、
効果的な経済の施策と合わせて、長期的視座に立ったモニタリングと計画策
定、それに基づく具体的戦略を持つ基盤として、サステイナブル・ツーリズ
ムは大きな力になると思われる。

　敷田（2008）はエコツーリズムの推進において、地域主体のマネジメント
の必要性を指摘している。そして「地域の主体性」を頂点に、環境保全、地
域保全、観光振興を俯瞰しながらバランスをとることの重要性を導き、地域
の自律的観光を訴えた。

　この論考はエコツーリズムについて述べられているが、それが自然環境か
ら広がり、より社会と経済をも包含したサステイナブル・ツーリズムとして
とらえても同様に通じる。地域に人を受け入れるという、メリットもリスク
も包含される事業であることからも、持続可能な観光にはバランスを見て、
長期的な視野にたったマネジメントが鍵なのだと言える。

第3節　エコツーリズムからサステイナブル・ツーリズムへ
〜環境教育のあり方〜

1　エコツーリズムからサステイナブル・ツーリズムへ

　日本では1990年代にエコツーリズムへの社会的な関心が高まっていき、北海道や沖縄をはじめ各地で取り組みが始まっている。今日のサステイナブル・ツーリズムの展開を考える際、ベースには日本、世界のエコツーリズムの取り組みがあると言える。

　海津（2011）によれば、世界では1970年代からエコツアーという用語が使い始められ、1982年のIUCN（国際自然保護連合）の世界国立公園保護地域会議で、国立公園での自然保護のための資金調達機能としてエコツーリズムの概念が提起された。

　日本では1980年代に輸入される形で言葉と概念が入り、80年代後半から取り組みが生まれる。地域での推進協議会の立ち上げやエコツアーの実施者が増えていく。1998年にエコツーリズム推進協議会（現・一般社団法人日本エコツーリズム協会）が設立され、日本のエコツーリズムの認知が社会的に広がるとともに、国立公園や自然保護エリアに限らず、地域の自然や文化を資源とした日本型のエコツーリズムが各地で取り組まれていく。そして環境省などが推進役となり、2007年「エコツーリズム推進法」の制定に至る[10]。

　このエコツーリズム推進法では、エコツーリズムを「観光旅行者が、自然観光資源について知識を有する者から案内又は助言を受け、当該自然観光資源の保護に配慮しつつ当該観光資源と触れ合い、これに関する知識及び理解を深めるための活動」として定義がなされた。

　エコツーリズム推進協議会では1999年に、「①自然・歴史・文化など地域固有の資源を活かした観光を成立させること。②観光によってそれらの資源が損なわれることがないよう、適切な管理に基づく保護・保全をはかること。③地域資源の健全な存続による地域経済への波及効果が実現することをねらいとする、資源の保護＋観光業の成立＋地域振興の融合をめざす観光の考え

方である。それにより、旅行者に魅力的な地域資源とのふれあいの機会が永続的に提供され、地域の暮らしが安定し、資源が守られていくことを目的とする」とエコツーリズムを表している [11]。

　この考え方は、サステイナブル・ツーリズムへとつながり、今まさに基本に置いていることだ。サステイナブル・ツーリズムでは、これに当該地域だけでなく、社会、経済の持続性、地球規模でのサステナビリティまでを包括したものへと発展していく。そして観光をそれまでの観光の産業の枠にとどまらない、地域の持続性を人の流動と共に実現していくものとして、より広くとらえるようになる。

　それは、かつて日本で環境教育がESDへとつながり、大きな概念で持続可能な社会づくりへの学びに発展していくことと同様の流れがうかがえる。

2　サステイナブル・ツーリズムによる環境教育のあり方

　これまで、世界と日本においてのエコツーリズムからサステイナブル・ツーリズムの流れを追ってきたが、サステイナブル・ツーリズムにおいての環境教育もしくはESDとしての機能と効果について考えてみたい。

　エコツーリズムでは、先に取り上げたエコツーリズム推進法の中で、訪問者が「自然観光資源の保護に配慮しつつ当該観光資源と触れ合い、これに関する知識及び理解を深めるための活動」と位置付けられる通り、訪問者にとっての学習効果を当初から目的に据えている。

　GSTCスタンダードの中でも、文化的サステナビリティのカテゴリーに「来訪地の解説」という項目があり、「来訪地の文化・自然の重要性について、正確な解説情報を来訪者に提供していること。情報は文化的に適切で、受け入れ地域との協働で作成し、来訪者と住民に適した言語で明確に伝えていること」が上げられている。

　サステイナブル・ツーリズムでは、地域が主体的に自律したマネジメントを行うことを基本に置いているが、地域住民にとっての参画、そして教育が重視される。そのため、取り組む地域のすべての人と、そこへ訪れる旅行者、

それに関わるさまざまなセクターが当事者となり、学びをつくり享受する主体と位置づけられるのである。

　現実に、GDの認証項目に答えようとすると、地域が今どのような状況で持続可能性を持った取り組みができているかを考える。そしてそれを継続して、不備な点を改善させていくための努力が求められ、担当者のみならず地域行政に関わる全ての人が、地域を学び地域の持続性を高める努力をはかる必要がある。教育的なコンテンツとして作られているわけではないが、まさに生きたESDの教材であり、その取り組み自体が地域と個々の学びと言えよう。

　前述したエコツーリズム推進法においても、サステイナブル・ツーリズムの国際認証においても、知識のあるものからの情報提供についてふれられている。教育活動において情報提供は基本にはあるが、今後より重要なポイントとなるのが、持続可能な地域をいかにつくるかの実践である。それも地域住民のみならず、外部からの訪問者、さまざまな形でかかわる関係者が学習の主体となる。そしてそれは、世界につながり、次世代へとつながる。

　サステイナブル・ツーリズムに取り組むということは、関わる地域とそこからつながる世界の双方のサステナビリティを考え、より持続性を高める働きを果たすことだ。その行為そのものが環境教育でありESDとなる。

　本稿では、国際的な認証制度からサステイナブル・ツーリズムを読み解いてきたが、その基盤となる地域の持続性そのものは、そもそもそれでは計りきれるものではない。その土地ならでは特性や外との関係性、何より取り組む人々の力の結集とその継続と継承によるものである。各地で取り組まれる地域づくりのさまざまな活動が、より本質的に地域の持続性を高め、かつ世界的な視野と問題意識を合わせ持つものになることを願いたい。

　サステイナブル・ツーリズムの推進役は、基準の遵守のみに注力するのでなく、より多くの人の知的な生産の増大と、そのつながりによるイノベーションを促す役割があるだろう。この取り組みと、そこからの学びは、現代文明の代案をつくる可能性を持っている。

第3部　つながりをつくる

注

（1）UNWTO：「International Tourism Highlights 2019年 日本語版」
　　https://unwto-ap.org/wp-content/uploads/2020/02/Tourism-HL2019_JP.pdf
　　（2021年11月28日最終確認）
（2）UNWTO：「持続可能な観光の定義」
　　https://unwto-ap.org/why/tourism-definition/（2021年11月28日最終確認）
（3）GSTC：「ミッションアンドインパクト」
　　https://www.gstcouncil.org/about/gstc-impact/（2021年11月28日最終確認）
（4）日本エコツーリズムセンター：「100年先を見すえた観光地域づくりのために
　　東京フォーラム記録集・資料集」、2019年
（5）国土交通政策研究所：「持続可能な観光政策のあり方に関わる調査研究」、
　　2018年
（6）観光庁：「日本版持続可能な観光ガイドライン」、2020年
（7）環境省：「地域循環共生圏」、2018年
（8）釜石市：「釜石オープン・フィールド・ミュージアム構想」、2017年
（9）Green Destinations：「Standard＆Reporting System」、かまいしDMC訳、
　　2018年
（10）エコツーリズム推進法
　　https://www.env.go.jp/nature/ecotourism/try-ecotourism/law/law.html
　　（2021年11月28日最終確認）
（11）日本エコツーリズム協会：「エコツーリズムの定義」
　　https://ecotourism.gr.jp/definition/（2021年11月28日最終確認）

引用文献

敷田麻実編著『地域からのエコツーリズム』（学芸出版社、2008年）
真板昭夫、石森秀三、海津ゆりえ編著『エコツーリズムを学ぶ人のために』（世界
　思想社、2011年）

第7章　青年海外協力隊の教育活動から見える ESDの可能性
―国際協力が人々をつなぐ―

加藤　超大

第1節　JICA海外協力隊及び環境教育職種の概要

1　JICA海外協力隊の概要

　JICA海外協力隊は独立行政法人国際協力機構（Japan International Cooperation Agency：JICA）が日本政府のODA予算により実施するボランティア事業である。青年海外協力隊の他、シニア海外協力隊、日系社会青年海外協力隊、日系社会シニア海外協力隊等によって構成されている。

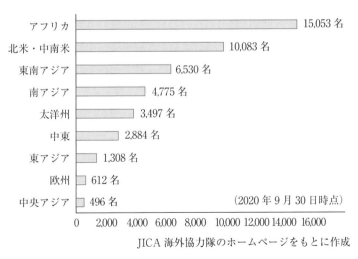

（2020 年 9 月 30 日時点）

JICA 海外協力隊のホームページをもとに作成

図 7-1　青年海外協力隊　地域別派遣実績

　事業の主な目的は、①開発途上国の経済・社会の発展と復興への寄与、②異文化社会における相互理解の深化と共生、③ボランティア経験の社会還元である。20歳〜69歳の日本国籍を持つ者を対象に、開発途上国からの要請に基づき原則２年間派遣される。JICA海外協力隊のひとつである青年海外協力隊は、1965年にラオスへ５名の青年海外協力隊員を派遣してから歴史が始まった。2020年９月30日現在で世界92カ国（ボランティア調整員のみ派遣の国を含む）に対して、計45,776名が青年海外協力隊として派遣されている[1]。これまでの取り組みが評価され、アジアのノーベル賞とも呼ばれている「ラモン・マグサイサイ賞」を2016年には受賞している。

2　環境教育職種の概要

　青年海外協力隊には小学校教育や幼児教育、理科教育の教育分野をはじめ、感染症・エイズ対策、看護師、野菜栽培、自動車整備等の120以上の職種が存在する。そのなかでも、環境教育の職種が誕生したのは1997年のことである。2020年９月30日現在で897名（うち女性は500名）の隊員が開発途上国に派遣され、現地の環境教育支援に取り組んでいる。

　活動内容はブラウン系とグリーン系の大きく２つに分けることができる。ブラウン系は主に廃棄物や衛生に関する活動である。また、グリーン系は主に生物多様性保全や森林保全に関する活動である。具体的な活動としては、学校への出前授業や普及啓発イベントの企画・運営、教員・指導者等の養成、調査、エコツーリズムの開発等の多岐にわたる。

　また、任地への派遣前には環境問題や環境教育の知識や手法の基礎を学ぶ技術補完研修が実施される。派遣前のサポート体制がしっかりとしていることから、専門的な知識や経験を有していない場合でも応募可能な職種のひとつである。そのため、コミュニティ開発や青少年活動と並び人気の職種であり、受験者数も多い。

　第２節及び第３節では、青年海外協力隊として開発途上国において環境教育に従事した２名の隊員から、協力隊に参加した経緯や現地での活動内容、

帰国後の活動等を紹介する。１人目は2017年度３次隊（派遣期間：2018年１月〜2020年１月）で中米のベリーズに派遣された木村正樹氏である。２人目は、2016年度４次隊（派遣期間：2017年３月〜2019年３月）でアフリカのケニア共和国に派遣された松橋杏子氏である。

第 2 節　青年海外協力隊の活動事例（2017年度３次隊ベリーズ派遣　木村正樹氏）

1　青年海外協力隊に参加した経緯

　木村氏は明治大学経営学部卒業後に民間企業に就職し、その後、青年海外協力隊に参加した。青年海外協力隊への参加を決意した背景は２つある。１つ目は、大学３年次に休学し、イギリスのボーンマスに語学留学をしたことである。大学入学後は学業やアルバイト、趣味の和太鼓演奏等充実した生活を送っていたが、好奇心が尽きることはなく、「日本の外を知りたい」その一心でイギリスへ留学した。留学先の学校では、多国籍のクラスメートに恵まれた。その中の一人がコロンビア人のイボリ氏である。開発途上国からの留学生は裕福な家庭の出身が多いが、彼は一般家庭出身であった。勉学を疎かにしてしまう生徒がいる一方、イボリ氏はせっかく掴んだ留学の機会を無駄にはせず、ハングリー精神を持ち、誰よりも勉学に励んでいた。彼の努力を目の当たりにし、木村氏も毎日の生活に悔いがないよう努力し、また、自分の想いに真摯に向き合い、素直に生きていくことを決心した。帰国後は、今まで以上に勉学に没頭した他、身に付けた語学力を活かして同年代の外国人とも積極的に交流を図った。留学前後での変わりように驚き、距離を置く旧来の友人も確かにいたが、毎日新しい知識を得ることや出会いがあることは大きな幸せであった。

　２つ目は、青年海外協力隊経験者との出会いである。大学卒業後は、民間企業に就職した。新人研修として工場勤務を半年間続けた際、同質的な労働環境に違和感を覚えた。また、研修後は海外営業部への配属が決まっていた

が、このまま出世して定年まで過ごす将来像がイメージできなかった。将来
への不安が日に日に増す中で、自分にしかできないことを仕事で体現したい
という思いが強くなった。そのため、日々の業務の傍ら、海外大学院への進
学に向けた準備を始めた。その際に出会ったのが、青年海外協力隊でドミニ
カ共和国に環境教育の職種で派遣されていた神野志保氏である。青年海外協
力隊の名前は聞いたことがあったものの、当時は専門性を持ち合わせていな
いことから進路としての選択肢はなかった。一方で、神野氏の話を聞くうち、
青年海外協力隊の魅力に惹かれ、同時に国際協力の仕事に興味を抱いた。話
の中で、環境教育の職種は特別な資格がなくても受験できることを知り、海
外大学院への進学から方針を転換して、2016年秋募集で青年海外協力隊に応
募をし、結果は見事に合格。派遣国先として希望していたベリーズに2017年
度3次隊で派遣されることとなった。

2　現地での活動内容

　派遣国であるベリーズは中央アメリカ北部に位置し、北はメキシコ、西に
グアテマラと国境を接している。人口は約39万人の国であり、公用語は英語
の国だ。美しい海と珊瑚礁に囲まれていることから「カリブ海の宝石」とも
呼ばれており、リゾート地も多く主要産業として観光業も盛んである⁽²⁾。

　ベリーズへのJICA海外協力隊の派遣は2000年から始まり、2020年9月30

図7-2　活動の様子1

図7-3　活動の様子2

日までの青年海外協力隊派遣累計は180名、シニア海外協力隊派遣累計は11名となっている[3]。また、派遣当初から教育分野への協力を重点的に実施しており、環境教育の他、小学校教員や数学教師、IT教育等の多様な職種の隊員が派遣されている。

　木村氏はベリーズ北部に位置するオレンジウォーク町役場の衛生課に配属された。オレンジウォークはベリーズ第4の都市であり、人口は約1万3千人である。配属先である衛生課は主に地域のごみ収集や普及啓発を担当している部署となり、2011年より環境教育隊員を受けいれており、木村氏で4代目となる。

　これから始まる活動に胸を高鳴らせる一方で、活動当初は挫折の連続であった。現地では、前任の隊員から1年間の空白期間があり、受け入れを担当するはずのカウンターパートが不在であった。また、引継ぎや情報が不十分で右も左も分からず、手探りの状態で活動を始めることとなった。まずは、環境教育隊員として、別の都市に派遣されていた先輩隊員の取り組みを参考にし、菜園作りや生ごみコンポストの活動を始めた。しかし、すぐに失敗に終わってしまう。町役場の美化を目的に菜園の形成を試みるが、独りよがりになってしまい、周囲から孤立してしまった。何より、先輩隊員の活動を模倣しただけであって、木村氏自身が活動を楽しみながら取り組むことができなかった。そのため、新たな活動を模索することとした。

　活動を推進する契機となったのは、配属1年目にアポなしで訪問した地域の博物館で、オレンジウォーク州内の伝統文化を発信する為の取材に帯同しないかと誘いを受けたことである。この取材によって州内の多くの村を訪問することができ、青年海外協力隊の存在を知ってもらうきっかけとなった。そして訪問先の学校や文化施設に、出前授業やイベントでの講演等声をかけてもらえ、さらに多くの人に顔を覚えてもらうことに繋がった。結果としてこれらは、配属2年目以降の活動を展開するうえでの基盤となった。

　配属2年目は1年目で構築した信頼関係やその人脈をもとに積極的に活動を展開した。そのなかでも大成功を収めたのが「ごみ箱デザインコンテスト」

である。オレンジウォークでは地
域に設置されているごみ箱が少な
く、また、新たに設置してもすぐ
に破壊されてしまう状況であった。
住民の環境意識も依然として低い
ことから、ごみをポイ捨てする光
景を頻繁に目にした。その対策と
して、住民の興味を引き、かつ破
壊されないごみ箱を設置すること

図7-4　ごみ箱のデザインコンテスト

が有効と考え、町内の小学校全7校の協力のもと、ごみ箱に絵を描くことや
装飾等を施し、そのデザイン性を競うコンテストを開催した。デザインされ
たごみ箱の写真をSNSに投稿し、住民がお気に入りのものに対して投票する
仕組みを構築し、結果として、コンテスト関連の投稿には約6万件のアクセ
スがあり、住民がごみ問題について考えるきっかけを提供することができた。
また、活動に対する賛同者も現れ、ごみ箱の設置に向けた寄付も集めること
ができ、最終的に、町内や近隣の村々に計21個のデザインごみ箱を設置する
ことに成功した。

3　帰国後の活動

　帰国後の現在は民間企業に就職し、スマートシティの開発に取り組んでい
る。スマートシティは前例のない未知なる領域への挑戦であり、ステークホ
ルダーの理解を得ることが成功の鍵となる。そのため、頻繁に現場へと足を
運び、時には介護士や保育士と一緒に汗を流し、関係者の声を聴く。これら
の行動の基盤となっているのは青年海外協力隊での経験である。ベリーズに
おいて現場の最前線に立ち、地域住民や廃棄物処理に従事する職員の声に耳
を傾け、彼らと協働し活動の改善につなげてきた経験や現場最適の考えが、
現在の仕事にも活かされている。

　「お世話になった方々の顔に泥を塗るわけにはいきません。泥臭くやるの

は私の仕事です。」

　笑顔でこう話す木村氏の眼は希望に満ち溢れていた。

第3節　青年海外協力隊の活動事例（2016年度4次隊ケニア 共和国派遣　松橋杏子氏）

1　青年海外協力隊に参加した経緯

　松橋氏は酪農学園大学大学院酪農学研究科を卒業後、地域おこし協力隊、博物館での解説員を経て、青年海外協力隊に参加した。幼少期より野生動物に親しみを持っており、将来は野生動物に関わる仕事をしたいと考え、酪農学園大学・大学院に進学した。専門は野生動物の保護管理であり、野生動物と人間の軋轢について研究した。

　国際協力に興味を持つ契機となったのは、大学2年生の時に参加した海外自然環境実習で訪問したマレーシアのボルネオ島である。環境と生態系の調査やフィールドワークを通じてボルネオ島の魅力に惹かれ、卒業論文はボルネオ島におけるエコツーリズムをテーマとして取り扱った。その後、在学期間中はネパールのNGO訪問やケニア共和国でのスタディツアーを通じて世界へと目を向けていった。

　また、酪農学園大学は多くの青年海外協力隊員を輩出している大学のひとつである。2019年8月にはJICAとJICA海外協力隊（大学連携）に関する覚書の締結やJICA草の根技術支援事業パートナー型を実施する等の国際協力への取り組みも盛んである。そのため、大学内では青年海外協力隊経験者の報告会も定期的に開催されており、青年海外協力隊は卒業後の進路としても身近な選択肢のひとつであった。

　青年海外協力隊への参加を決意したのは、博物館での解説員時代である。若いうちに異国の地での生活や活動経験はこれからの人生の成長につながると勧められた。青年海外協力隊の環境教育職種であれば、自分自身の専門性を生かしつつ、海外での経験を積めるのではないかと考え、2015年春募集で

青年海外協力隊に応募することとした。応募の際は、野生動物への熱い思いから、派遣する希望国には野生動物の普及啓発に関わることができるケニア共和国のみを記載した。結果は見事に合格し、ケニア共和国に2016年度4次隊で派遣されることとなった。

2　現地での活動内容

　派遣国であるケニア共和国は、東アフリカに位置し、ウガンダや南スーダン、エチオピア、ソマリア、タンザニアに国境を接している。人口は約4千760万人であり、東アフリカ最大のモンバサ港を中心とした東アフリカ諸国の玄関口として、近年の経済発展も著しい[4]。また、陸地の約8％が野生動物の保護区として設定されており、23箇所の国立公園と33箇所の国立保護区及びサンクチュアリが設定されている。

　ケニア共和国へのJICA海外協力隊の派遣は1966年から始まっており、2020年3月31日までの青年海外協力隊派遣累計は1,676名、シニア海外協力隊派遣累計は49名となっている。また、ケニア共和国の重点開発課題に対応するため多様な職種の派遣しており、コミュニティ開発や青少年活動、理数科教育、看護師等、90を超える職種の隊員がこれまで活躍してきた[5]。

　松橋氏は、ケニア共和国中央部に位置するメルー国立公園に3代目の環境教育隊員として配属された。メルー国立公園は、ライオンやヒョウ、アフリカゾウ、バッファロー、サイ（シロサイ、クロサイ）のBIG5をはじめ、多種多様な野生動物が生息している[6]。

　配属先の主な業務は国立公園の管理や野生動物の保護管理である。松橋氏は教育部門に配属され、主に普及啓発に関する業務を担当し、近隣の学校での出前授業やエデュ

図7-5　アフリカ象

ケーションセンターでの展示解説、ツアーガイド等の多岐にわたる活動に取り組んだ。また、一緒に普及啓発活動をする自然保護官（レンジャー）は必ずしも環境問題や野生動物について学んだ者ではないことから、その知識は人によってまちまちであった。そのため、自身の専門性を生かして自然保護官向けの勉強会の開催や、自然保護官が展示解説やツアーガイド等で活用できる教材づくりを進めた。

　活動は順風満々に進んでいるようだが、木村氏と同様に活動当初は挫折もあった。慣れない異国地での活動やスワヒリ語でのコミュニケーションなど思うように活動は進まず、気分が沈むことがあった。そのような状況のときも松橋氏を支えたのは、ケニア共和国の大自然だ。初めて出会う野生動物に心を躍らせ、広大な自然の中に広がる満天の星空に心洗われた。

　松橋氏が活動期間中に印象に残っている活動のひとつが全職員を対象に毎週開催したクリーンアップ活動である。国立公園では自然保護官の他にも自動車や電気、水道の整備士、大工など様々な職種の職員とその家族が共に暮らしており、環境に対する意識も様々だ。一部の職員やその家族はごみを国立公園内でポイ捨てすることもあり、そんな光景に問題意識を持ったのが始まりだ。クリーンアップ活動開始当初は就業時間の終了間際に開催していたが、参加者は十分に集まらなかった。そのため、開始時間を午前中の休憩時間に変更した。この時間は職員がチャイ（ミルクティー）を飲みながら休憩

図7-6　任地の様子

図7-7　クリーンアップ活動

し、一堂に会する時間であったため、様々な職種の職員を巻き込むことができた。また、これにより職員の意識も変容し、同僚のポイ捨てを注意する職員や、クリーンアップ活動で拾った電気ポットを自ら修理して、再利用する職員も現れるようになった。さらに、カウンターパートも国連が定める世界環境デーに合わせて、プラスチックごみの問題について自ら調べ、マイボトルを導入するなどごみについて自身の生活にリンクさせて意識を変えた。また、教育部門の活動に積極的にごみ問題のテーマも盛り込むようになるなど、クリーンアップ活動をきっかけにその他の活動へのひろがりを見せることができた[7]。

3　帰国後の活動

　帰国後は環境省自然環境局野生生物課に入省した。野生生物課では種の保存法を担当し、国内外の希少野生動植物種の取引規制についての業務に携わっている。ここにおいても青年海外協力隊の経験が生かされている。ケニア共和国は種の保存法で取引が規制されている希少野生動植物種の生息地の一つだ。メルー国立公園でも密猟の取り締まりや野生動物と人との軋轢対応にあたっており、実際に密猟され押収した野生動物を目撃したこともある。そのため、野生生物課の仕事は、様々な立場を経験した視点を活かし物事を判断できている。

　環境省での任期が終了した現在は山梨県に拠点を移し、環境教育者として大学院時代に所得した狩猟免許を活かしながら、持続可能な暮らしを実践している。

第4節　青年海外協力隊の教育活動から見えるESDの可能性と今後の展望

　第2節及び第3節では、ベリーズで活動した木村氏、ケニア共和国で活動した松橋氏の取り組みをそれぞれ紹介した。

図7-8　ヨルダンでの活動風景

筆者も恩師である阿部治先生の勧めもあり、大学卒業後に2012年度１次隊でJICA海外協力隊に参加した。派遣国は中東のヨルダン・ハシェミット王国で、職種は環境教育である。配属先は首都アンマンの北部に位置するアジュルンという緑豊かな街の教育局文化芸術活動課だ。

　派遣中は、カウンターパートとともに県内の小中学校における出前授業や環境クラブ担当教員向けの研修に取り組んだ。木村氏や松橋氏と同様に慣れないアラビア語での授業や異国の文化・風習に馴染むことができず、活動当初は挫折の連続であった。しかし、任期の折り返しを迎える派遣１年後あたりから語学面や生活面でも余裕が生まれ、活動も軌道に乗るようになった。

　今回紹介した木村氏と松橋氏の２名の活動は、現場のニーズや習慣を踏まえて、地域住民や同僚の目線に立った活動を展開したことで、意識変革及び行動変容につながった成功事例である。

　これらの活動が成功した要因としては、体験と対話を重視した参加型の手法を活動に取り入れている効果が大きいと考える。特に、開発途上国においては知識伝達型の教育やトップダウンによる活動が今尚も根付いているのが現状だ。筆者が派遣されていたヨルダン・ハシェミット王国でも同様で、教員が一方的に話し、児童・生徒はノートをとるだけの授業風景を多々目にした。

　参加型の手法により地域住民や同僚は活動を通して様々な気づきや発見があったはずである。このことから自分ごととして物事を捉えられ、意識変革や行動変容につながったと考えられる。そのため、環境教育隊員や青年海外協力隊を通じて参加型の手法が広がりをみせることは、開発途上国における人づくりの側面においても貢献度が高いと考える。

　一方で、昨今の日本では若者の内向き志向が叫ばれており、問題視されている。これまで、環境教育隊員だけで897名、青年海外協力隊全体では45,776名の隊員が派遣されているが、近年の応募者数は減少傾向にあるのが現実である。青年海外協力隊は原則として２年間派遣され、地域に根ざした活動を展開することから、草の根外交官としても評価されており、日本と世界をつなぐ重要な役割を担っている。このまま若者の内向き志向が顕著化し、国際協力の担い手が減少することは、開発援助業界における日本のプレゼンス低下、開発途上国とのつながりの希薄化が危惧される。

　そのため、環境教育職種では、帰国後の隊員が中心となり青年海外協力隊環境教育OV会（OVはOld Volunteerの略）を2015年に任意団体として立ち上げている。この団体では、青年海外協力隊や開発途上国の環境問題に興味や関心がある子どもや大人を対象に、現地での活動経験や学んだノウハウを伝えることを目的に活動報告会の開催や環境イベント等の出展に取り組んでいる。青年海外協力隊の経験を日本社会に還元する機会や場を積極的に創出することで、若者のグローバル意識を向上させるとともに、青年海外協力隊への参加を促すことが今後も期待される[8]。

　2020年３月以降、新型コロナウイルス感染症により世界中で活動していた青年海外協力隊員全員が緊急帰国する結果となった。現時点では一部の国々で派遣が再開されてはいるが、従来通りの活動を展開するのはまだまだ時間がかかることが予想される。青年海外協力隊は日本と世界をつなぐとともに、それぞれの専門性を活かした持続可能な社会づくりに向けた人づくりの役割が期待されることから、再び青年海外協力隊が開発途上国の舞台で活躍することを強く願っている。

注
（1）国際協力機構：JICA海外協力隊：事業実績／派遣実績、2021、https://www.jica.go.jp/volunteer/outline/publication/results/index.html（2021年４月１日最終確認）
（2）外務省：ベリーズ基礎データ、2021、https://www.mofa.go.jp/mofaj/area/

belize/data.html#section1（2021年 4 月 1 日最終確認）

（ 3 ）国際協力機構：ボランティア事業（ベリーズ）、2021、https://www.jica. go.jp/belize/office/activities/volunteer/index.html（2021年4月1日最終確認）

（ 4 ）外 務 省：ケ ニ ア 基 礎 デ ー タ、2021、https://www.mofa.go.jp/mofaj/area/ kenya/data.html#section1（2021年 4 月 1 日最終確認）

（ 5 ）国際協力機構：ボランティア事業（ケニア）、2021、https://www.jica.go.jp/ kenya/office/activities/volunteer.html（2021年 4 月 1 日最終確認）

（ 6 ）Kenya Wildlife Service：Overview、2021、http://www.kws.go.ke/content/ overview-0（2021年 4 月 1 日最終確認）

（ 7 ）国際協力機構：今月のボランティア、行動の変えることの難しさ、2018年、 https://www.jica.go.jp/kenya/office/others/volunteer/201807_01.html（2021 年 4 月 1 日最終確認）

（ 8 ）青年海外協力隊環境教育OV会：活動概要、2021、https://seejocv.weebly.com （2021年 4 月 1 日最終確認）

第8章　ESDにおける企業連携
―なりわいが人々をつなぐ―

太刀川　みなみ

第1節　はじめに

　近年、企業とNGOやNPOの関係は時の流れとともに変遷をとげており、あらゆる課題の解決に向けて連携をする関係に変わりつつある。NPOと企業の連携・協働には様々な種類があり、寄付や助成金などのスポンサーシップ、企業への研修や講演、人材教育などの人的協力、専門的な知見によるアドバイザーやリサーチ、そしてプロジェクトなどにおける協働などが挙げられる。

　筆者は現在環境NPOに勤めており、所属団体の持つプロジェクトにおいてもその大半を企業や行政との協働の上で進めている。本章では、筆者の業務や経験を通じて見えてきたことを、主にNPOの視点からまとめてみたい。

　本章では次の言葉をそれぞれこのような意味合いで使用する。

・企業：厳密な定義としてはNPOやNGOも含まれるようであるが、ここでは株式会社などの会社組織を指す。

・NPO：言葉上はNGOとは異なるが、基本的にはNGOも含めた「NPOやNGOなどの組織」という意味合いで使用することもある。

第2節　企業とESD

1　企業とNPO

　そもそもNPOとは何か。NPOはNon Profit Organizationの略であり、広

義では非営利団体のことである。広義のNPOは利益の再分配を行わない組織や団体を意味することにより、社団法人や財団法人・学校法人・協同組合なども含まれる。一方、狭義のNPOはボランティア団体や市民活動を意味する。さらに狭く特定非営利活動法人をNPOとする場合もある。特定非営利活動法人は特定非営利活動促進法によって国、または都道府県に認証を受けたNPOのことであり、NPO法人ともいう。日本では阪神淡路大震災をきっかけに、1998年、ボランティア活動をはじめとする市民の自由な社会貢献活動として、特定非営利活動の健全な発展を促進することを目的に、「特定非営利活動推進法」が制定・施行された。市民団体が法人格を持つことにより、幅広い各種取引ができるようになり、団体に対する社会的な信頼性が増すというメリットも生まれていった[1]。

　NPO法人に対してよく誤解されることは、非営利＝利益を得てはいけない組織だと思われる点である。NPO法人の認証の基準の一つにも「営利を目的としないものであること」と書かれている[2]。しかし、「営利を目的としない」とは、団体の構成員に対して利益を再分配したり、財産を還元することを目的としないという意味である。株式会社をはじめとする会社は「事業を行い、利益を出していくこと」を目的としている。利益を追求し、出資者である株主に対して配当という形で利益を還元して貢献する。配当を行うことで、会社が成長し、世の中の経済活動が維持・発展し、さらなる出資を促すという流れをつくっていく。

　では、NPOが利益を出した場合どうなるのか。利益は次年度以降の活動資金として使われることになる。つまり、利益は株主や社員などに分配するのではなく、次年度以降にさらに活動の規模を大きくするためや活動の質を向上させるために使用する、ということになる。NPO法人＝ボランティア組織という誤解が多いようであるが、NPO法人も一般的な会社と同じように正当な対価を得て利益を出して良いということになる。むしろNPO法人であっても、株式会社と同様に事務所の家賃・雇用したスタッフの給与・光熱費・交通費などは同じように必要になることから、組織の維持・運営のた

めにはある程度の利益計上は必要といえる。

　NPO法人は情報開示を通じた市民の選択・監視を前提としている点も大きな特徴である[3]。そのため、NPO法人は毎事業年度初めの3か月以内に前事業年度の事業報告書等を作成し、全ての事務所において備え、その社員（会社でいう社員ではなく、NPO法人に属する会員に当たる）及び利害関係者に閲覧させる義務を負う。また、条例で定めるところにより、毎事業年度1回、事業報告書等を所轄庁に提出する必要がある。筆者が勤める環境NPOは世田谷区に所在するが、東京都が所轄庁となっており、毎年東京都に提出をしている。東京都のホームページでは主要な資料が開示されており、一般企業における財務諸表に当たる会計書類（いわゆる決算書）も公開の対象である。

　筆者は2018年度より、複数の大学において、主に「環境NPOで働くこと」をテーマに大学生に対してゲストスピーカーを担当している。授業内で毎回受講生から質問を受けるが、やはりNPO＝ボランティア団体というイメージが強いようで、初めての授業時に受けた質問やコメントは「利益を出しちゃいけない」「給料は出るのか、交通費くらいはもらえるのか」「環境保全をしているイメージしかない」といったものが多数であった。しかし年を重ねるごとに受講大学生の中でのイメージにも変化があるようで、直近の授業時には「給料は安いがやりがいがありそう」「企業と大きな違いは無いのではないか」「NPOを就職先の一つに考え始めた」などのコメントが増えてきた。ちなみにゲストスピーカー時にはNPOについて、「株式会社のように株主に還元するための利益を生み出す必要がない」「仕事の内容としては一般企業とあまり変わらないと思う」などの個人的な見解を伝えている。

2　企業におけるESDとCSR

　ESDが出始めたのは、2002年頃である。よりよい未来をつくるために、環境・人権・平和・ジェンダー・国際協力・多文化共生・福祉など、様々なテーマに取り組む教育活動をつなぐ重要性が認識されたことが背景にある（図

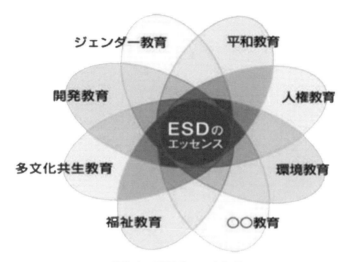

図8-1　ESDのエッセンス

出所：ESD-J：ESDとは？（http://www.esd-j.org/aboutus/concept）（2021年4月1日最
　　終確認）

8-1）。ESDは環境教育から始まった教育概念と言われているが、従来の環
境教育が自然環境の保全を基盤としているのに対し、ESDは、環境・社会・
文化・経済等のつながりを考慮しながら、持続可能な社会の構築を目指す、
すなわち広義の環境教育を含む様々な教育を網羅しているといえる。

　一方で、企業においてはESDに比べ、CSRという言葉の方が認知度は高い
ように感じる。CSRとはCorporate Social Responsibilityの頭文字をとったも
ので、日本では広く「企業の社会的責任」と訳されることが多く、その言葉
の定義はさまざまで多様な意味を含んでいる。日本においてCSRという言葉
が本格的に用いられるようになったのは2000年頃と言われているが、それ以
前から企業と社会問題・環境問題との関係性については様々な視点から問わ
れてきている。CSR が問われる背景として、産地偽装などの企業の不祥事や、
地球温暖化などの地球環境問題、大量消費大量廃棄などの社会の風潮の変化、
社会の意識変化などに伴う経営環境の変化などが挙げられる。ここではCSR
の視点から社会情勢の変化について簡単にまとめてみたい。

　まずは1960年代に遡ってみる。欧米ではすでに絶滅危惧種のレッドリストが作成されていたり、光化学スモッグなどが問題視されていたようであるが、1962年にはアメリカの生物学者レイチェル・カーソンが『沈黙の春』を出版し、農薬による環境問題を指摘した。環境問題を取り上げ最初に社会問題を起こした本とされ、アメリカ政府の政策にも大きな影響をもたらした。

　1970年代になると、日本国内では公害問題が多発し、水俣病・第二水俣病・四日市ぜんそく・イタイイタイ病の四大公害病は全て高度経済成長を背景にした企業の経済活動によって引き起こされたものと言われている。1973年におきたオイルショックにより、石油業界をはじめ企業による便乗値上げや買占めなどによる生活物資が高騰を受け、企業の利益至上主義が批判されるようになった。

　1980年代になると、1988年にNASAのジェームズ・ハンセンが「人類の経済活動に由来するCO_2等の温室効果ガス排出によって『地球温暖化』が進行している」と発表し、同年に地球温暖化についての調査機関「気候変動に関する政府間パネル（Intergovernmental Panel on Climate Change ＝IPCC）」が創設された。またイギリスではジョン・エルキントンとジュリア・ヘインズが共著で『グリーンコンシューマー・ガイド（The Green consumer Guide)』を出版し、グリーンコンシューマー活動が展開され、環境配慮製品や消費活動が取り組まれるようになった。1989年にはアラスカ湾沖で起きたタンカーの座礁による原油流出事故が起き、それを契機に企業が環境保全のために順守すべき10の原則が公表され、産業界に大きな影響を与えた。

　1990年代になると、経常利益や可処分所得の1％相当額以上を自主的に社会貢献活動に支出しようと努める団体「1％クラブ」を経団連が設立した。また1992年にはリオデジャネイロで地球サミットが開催され、セヴァン・スズキが「伝説のスピーチ」を行い、世界中の首脳を感動させ、気候変動枠組み条約、生物多様性条約、アジェンダ21などが採択された。このような流れの中で「持続可能な発展」や「サステナビリティ」といった単語が頻繁に取り上げられるようになり、ジョン・エルキントンによって環境・社会・経済

の 3 つの軸から評価するフレームワーク「トリプルボトムライン」が作りだされた。

　2000年代には、コフィー・アナンが提唱したグローバルコンパクトが発足し、企業に対し、人権・労働権・環境・腐敗防止に関する10原則を順守し実践するよう要請した。その後アメリカで大規模な企業の不祥事が発生し、相次ぐ経営破綻を受け、不祥事への対処コストを削減するためのリスクマネジメントの側面からCSRが発達し、今日にも続くイニシアティブやガイドラインの基礎ができたとされている。一方、国内では2003年からCSRの概念について産業界で本格的な議論が開始され、様々な企業でCSRの専任部署やワーキンググループが設置されるなど、「CSR元年」とも言われた年となった。そのような最中、2008年にアメリカでリーマン・ブラザーズが経営破綻し、未曽有の事態に世界中で大混乱が起こり、企業の持続可能性が改めて問われることとなった。

　2010年代になると、世界中の様々なビジネスやカテゴリで規約やガイドラインが制定された。2010年には「ISO26000」が発行され、社会的責任とは何か、そしてその実行にあたり何に対してどのように取り組んでいくべきかについての手引を提供した。2011年にはマイケル・ポーターが出した論文『Creating Shared Value（邦題：共通価値の戦略）』でCSVという新たな概念が生み出され、その定義を「社会のニーズや問題に取り組むことで社会的価値を創造し、同時に、経済的価値が創造されるというアプローチである」とした。そして2015年には国連で「持続可能な開発目標（SDGs）」や「パリ協定」が採択され、今日の企業活動へとつながっている。国内で環境（Environment）・社会（Social）・ガバナンス（Governance）の頭文字を取ったESGの概念が広がり始めたのも、この頃からと言われており、近年では多くの企業においてESG推進部などの部署が新しく立ち上がっている。

第3節　ESDにおける企業連携

　既に述べた通り、企業においてはESDに比べ、CSRという言葉や概念の方が強く浸透しているように感じる。ではESDとCSRは全くの別物なのだろうか。筆者個人の見解としては、ESDもCSRもその考え方の根本や目指すところはあまり変わらないように感じている。そのため、筆者の中ではCSRを「企業は利益を追求するだけでなく、環境問題をはじめとしたあらゆる社会問題への対応をはじめ、さまざまな社会的な責任を果たすべきとする考え方」と、ESDを「社会の課題と身近な暮らしを結びつけ、新たな価値観や行動を生み出すことを目指す学習や活動、またはその考え方」と定義づけている。そしていずれも、現代社会のトリレンマといわれる3つのE（Energy・Economy・Environment）のバランスをとり、私たちの生活を持続可能な状態にしていくための概念であると考えている。そのため、CSRが理解され浸透している企業では、ESDの根本の考え方も根付いていると考えている。ESDを推進していくにあたりよく耳にするのは、多様なマルチステークホルダーが分野を横断して連携や協働することが大切ということである。そのため、ここからはNPOの視点から企業との連携・協働について考えてみたい。

　NPOと企業の連携については以前より経団連も言及してきている。会社組織同士のつながりだけでなく非営利組織とも連携することで、彼らの活動もサポートしながら自分たちの活動や事業も展開していくことが大事であるという考え方は、CSRの新しい形ともいえるであろう。企業とNPOの連携は、前述の通りCSR元年と言われた2003年以降、顕著に表れ始めたと考えられる。実際に筆者が勤める環境NPOは2003年に東京都より認可され、特定非営利活動法人としての活動が始まっているが、企業とのCSR事業による連携が始まったのは2007年であり、それ以降年を追うごとに企業と連携したCSR事業が増えていった。

　2007年に社団法人日本経済団体連合会・社会貢献推進委員会が発表した

『CSR時代の社会貢献活動（中間報告）』によれば、日本企業が企業活動全体の中で社会貢献活動をCSRの１つの要素として位置付け、さらに大きな社会的成果を生み出す上でステークホルダーと連携した社会貢献活動が役立つとされている[4]。具体的には、新たな価値創造への貢献のために、社会問題に精通したNPOとの連携が鍵になるという。なぜなら、NPOは企業とは異なる着眼点や発想・現場感覚・専門性などを有しているからである。企業とNPOという異質な組織が、それぞれの資源や特性を持ち寄り対等な立場で協働することは、課題解決の速度と効果を高めることにもつながり、社会貢献活動の推進においてNPOとの連携が重要であるということが示されている。実際に、筆者が勤める環境NPOも、2007年以降CSR事業で連携した企業は、クボタや東芝など経団連に属する企業ばかりである。

　一方で企業とNPO法人との関係性で頻繁に登場する言葉として「協働」が挙げられる。神奈川県川崎市が2012年12月に公開した情報を参考にすると、すでに協働は多くの自治体の現場で掲げられており、協働推進基本条例・協働推進指針・協働に関する基本方針・協働ハンドブックなど、協働を正面からとらえた制度作りが進められている。川崎市では2005年４月に自治基本条例を制定し、自治運営の３つの基本原則の１つとして「協働の原則」を位置付けている。また神奈川県横浜市でも1999年３月に「横浜市における市民活動との協働に関する基本方針」が提案され、これを受けて2000年に市民活動推進条例が制定されている[5]。このような流れから、協働という概念は、20世紀末頃に主に地方自治体において従来の行政組織体制だけでは対応が難しい地域課題に対し、市民活動団体との協働で取り組むことが不可避であるという考え方から生まれてきたとされている[6]。それ以降、協働という言葉は地方自治体とNPOはもとより、地方自治体と企業、企業とNPOなどを含む市民活動団体などの組み合わせにおいても協働と称される活動が多くなってきている。

　SDGsが2015年９月の国連サミットで採決され、日本政府は2016年５月に全閣僚を構成員する「SDGs推進本部」を設置し、国内での実施と国際協力

の両面で率先して取り組む体制を整えた。2019年末には2020年のSDGs推進のための具体的施策を取りまとめた「SDGsアクションプラン2020」を決定するなど、2030年の目標達成に向けた行動の10年とすべく、取り組んでいくことが謳われている⁽⁷⁾。特にビジネス分野では企業経営へのSDGsの取り込みとESG投資の後押しに加え、大企業のみならず中小企業もSDGsの取組み強化のための関係団体・地域、金融機関との連携を強化することが掲げられており、官民挙げての推進体制が示された。目標の17番に「パートナーシップで目標を達成しよう」があるが、特に言われているのが「マルチステークホルダー・パートナーシップ」である。この目標17には19個のターゲットが示されており、ターゲット16は「全ての国々、特に開発途上国での持続可能な開発目標の達成を支援すべく、知識、専門的知見、技術及び資金源を動員、共有するマルチステークホルダー・パートナーシップによって補完しつつ、持続可能な開発のためのグローバル・パートナーシップを強化する」、続くターゲット17は「さまざまなパートナーシップの経験や資源戦略を基にした、効果的な公的、官民、市民社会のパートナーシップを奨励・推進する」とある。つまり目標の達成のためにはパートナーシップ＝連携を超えた協働は欠かせないテーマなのである。

　企業とNPO・NGOの連携については既に多くの報告がある。例えば、特定非営利活動法人国際協力NGOセンター（JANIC）や認定NPO法人名古屋NGOセンターなどのウェブサイトに連携事例が掲載されているので、詳細はそちらに譲りたい⁽⁸⁾⁽⁹⁾。

　次節以降、筆者が関わった企業とNPO・NGOの連携事例を2つ紹介していく。1つ目は電源開発株式会社（以下、J-POWERと表記）が主催する「エコ×エネ体験プロジェクト」である。2つ目は味の素株式会社（以下、味の素と表記）と花王株式会社（以下、花王と表記）が中心となって立ち上げたサステナブル・ライフスタイル研究会が主催する「食とくらしがつくる地球の未来　みんなでいっしょに考えよう　夏休みチャレンジ」である。

第4節　企業の連携事例紹介1：エコ×エネ体験プロジェクト

1　事例の概要

　主催のJ-POWERは、発電所と送変電設備を全国に保有している卸電気事業者いわゆるBtoBの電力会社である。彼らの取り組むエコ×エネ体験プロジェクトは、J-POWERグループが「エネルギーと環境の共生」をめざして取り組んでいる社会貢献の活動で、限りあるエネルギー資源と自然の恵みを有効に活用し、社会が持続可能な発展を遂げていくためにはエネルギーと自然環境の両立が必要であるという想いのもとNPOやNGOとし、現在は4つ協働プロジェクトを展開している。

　1つ目は、自然環境を伝える専門家との協働で、発電所と自然を五感で体感し、人々の暮らしを支えるエネルギーと環境の繋がりに気づき、お互いに楽しみながら学び合う学習ツアー「エコ×エネ体験ツアー水力編」。2つ目は、科学技術コミュニケーションの専門家との協働で、世界最先端の発電所を舞台に五感を使って楽しみながら自分たちの未来のエネルギーについて考えあう学習ツアー「エコ×エネ体験ツアー火力編」。3つ目は、エネルギーと環境のより良い関係をめざす人々のつながりを築くことを目的に、ゲストの話を聞いたのち、一般大学生と一般社会人と当社グループ社員がエネルギーと環境について気軽に真面目に学びあう「エコ×エネ・カフェ」。そして4つ目は、一国のエネルギー大臣となり、エコとエネのバランスやサステナブルな社会について楽しく対話しながら一緒に考えあうワークショップ「エネルギー大臣になろう！」である。

2　主催者へのヒアリング

　主催者である、J-POWERの藤木勇光氏にお話を伺った（2021年3月12日）。エコ×エネ体験プロジェクト（**図8-2**）がスタートした当初は「奥只見プロジェクト」と称されていた。実際の水力発電所や自然の森を舞台に、私た

図8-2　エコ×エネ体験プロジェクトの紹介ページ

出所：J-POWER：エコ×エネ体験プロジェクト（https://www.jpower.co.jp/ecoene/）（2021
　年4月1日最終確認）

ちが心豊かに暮らすために欠かせないエネルギーと豊かな自然環境のつなが
りを理解し、その両方をともに大切にする心を育むことを目的とした環境学
習ツアーであった。エコ×エネ体験プロジェクトの名付け親は、奥只見プロ
ジェクトから現在までパートナーとしてタッグを組んでいる財団法人キープ
協会のスタッフである。お互いの専門性を活かし、切磋琢磨した上で化学変
化を起こしたいという想いのもと、「＋」ではなく「×」を採用したそうだ。
ツアーの骨組みは、当時のCSR最新動向を踏まえて、企業とNPOとの共同
で実施することとしていたため、先述した他のプロジェクト含め、NPOや
NGOなどとの連携がベースとなっている。

　ちなみに連携先の団体とは、プロジェクトのスタート時にプロジェクト運
営の契約とは別に協働の覚書を結んでいるとのこと。これは発注者
（J-POWER）に遠慮せずに意見交換をしてほしいという藤木氏の想いから形
となり、現在は4社と交わしている。

　藤木氏が現在の秘書広報部に配属となった2007年当時は、株式会社は株主利益の最大化に努めるべきといった金融資本主義の勢いが盛んであった。しかし藤木氏はその考え方に違和感を持っており、確かに利益や株主や投資家も大事だが、それと同じくらい従業員やクライアントも大事だと思っていたという。加えて、利益にはお金だけではなく、クライアントや地域の人からの信用や信頼、そこから生み出される継続性も含まれると考えている。クライアントからの信頼はもちろんであるが、電気を生産するために必要な発電所やダムの建設には地域住民の理解や協力が不可欠なのである。その意向が現在の社会貢献活動のベース「エネルギーと環境の共生」の考え方につながっているという。

　藤木氏にとって協働とは、同じ目的を達成するために立場の違いを超えてお互いが切磋琢磨しぶつかり合い学び合うことだという。それにより主催であるJ-POWERにとっては、専門性の異なる団体が入ることでプロジェクトの運営側の視点が広がり、バランスの取れたプログラムづくりやメッセージ発信につなげることができるという。本業であるエネルギー事業者という視点だけで企画してしまうことを避け、経済価値・社会価値・環境価値についてバランスよく考えられる素地のひとつにつながっているのではないかと考えているという。

第5節　企業の連携事例紹介2：食とくらしがつくる地球の未来　みんなでいっしょに考えよう夏休みチャレンジ

1　事例の概要

　主催は「食とくらしのサステナブル・ライフスタイル研究会」（以下、研究会と表記）と川崎市である。この研究会は生活者の意識や実態を調査研究し、生活者とともに持続可能な未来を考えようという目的のもと、味の素・花王・株式会社イースクエアの3社が共同で立ち上げた活動である。2011年に設立され、2014年までの約4年間は、主婦層をメインターゲットにフォー

ラムやワークショップを通じて一般消費者とコミュニケーションを図り、よりエコで楽しいライフスタイルの提案を目指してきた。2016年からはターゲットを小学生親子に広げ、地域に根差し家族ぐるみで楽しく取り組める内容となっている

　このような思いのもと、研究会と川崎市が共同で開発したプログラムが夏休みチャレンジである。夏休みチャレンジは川崎市の環境関連施設や主催企業工場の見学、身近な生活のエコから地球環境やSDGsまでを考えるワークショップから構成される、計3日間（初年度は4日間）のプログラムである。未来を担う子どもたちが、毎日の自分の暮らしと地球規模の環境課題とのつながりについて考え、家族や地域とともに、未来のこころ豊かな暮らしのために、環境視点から正しい選択と行動ができるようになってもらうことを目指して4年間実施された。

2　主催者へのヒアリング

　主催者研究会の味の素・坂本眞紀氏と、花王・井上紀子氏にお話を伺った（坂本氏：2021年3月5日、井上氏：2021年3月4日）。

　異業種である味の素と花王が連携することになった。当初は、果たしてどのようにシナジーを出せるのか、答えを探している状態であったという。活動を進めていくなかで3年目にしてようやく連携のイメージが見え始め、図式化してみたところ、取り扱っている商品などから見える共通項は少ないが、「生活者の環境意識を高め、ライフスタイルを見つめ直してもらいたい」という想いが共通していた。つまり2社の事業領域を掛け合わせると、毎日の

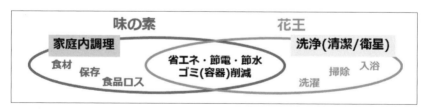

図8-3　味の素と花王の領域図（筆者作成）

生活の幅広い領域をカバーできることに気づくことができたのである（**図8-3**）。

　設立時からの課題であった「どうすれば人は行動に移すのか？」という問いに対し、生活者といっしょに考える場づくりや調査を 4 年間かけて行ってきたなかで、人が動くためには「身近なことから」「誰かといっしょに」「楽しく」「褒められると嬉しい」といったキーワードも見えてきた。ここで報告書にまとめて活動を終えるという選択肢もあったが、4 年間の研究を経て立てられた仮説を検証していきたいという想いのもと、次の段階に移ろうという前向き判断となったという。

　キーワードの一つに「身近なことから」というポイントがあったことから、行政との連携を視野に入れ始めた。そのエリアに選んだのは川崎市であった。これは 2 社の工場がどちらも川崎市にあったこと、かつ川崎市は環境先進都市としての取組みも進んでいたことが理由にあった。当時の担当部署の課長は企業からの転職経験を持つ方であったこともあり、研究会の活動に大変興味をもってくれたというが、最初はその意図がなかなか伝わらず、何度も打ち合わせを重ねたようだ。その結果、研究会の想いや意図が伝わり、川崎市を舞台に発展させていくことが決定した。

　研究会としてターゲットにしたかったのは「次世代を担う子どもたち」であった。その子どもたちを環境のことを学び始める小学校 5 年生と設定したことから、そのような年齢層へのアプローチができ、現場運営ができる団体と協働したいと川崎市に相談したところ、市から紹介された団体が筆者の所属するNPO法人ビーグッドカフェであった。長年にわたり、環境教育や環境啓発の場づくりをしてきた同団体には現場のノウハウがあり、目指すビジョンも近しいものがあると感じたという。また、社員の平均年齢も若い印象がったようで、研究会メンバーの平均年齢を加味すると、小学校 5 年生との年齢のギャップを埋める要因にもなり得るというイメージを持ったようであった。そこから夏休みチャレンジというイベントが幕を明け、更なる 4 年間の活動につながっていったのである。

第6節　ESDにおける企業連携のポイントと今後の展望

　2つの事例や担当者へのヒアリングから見い出されたESDにおける企業連携のポイントを以下の5つに整理したい。

　ポイントの1つ目は「連携・協働の重要性」である。ヒアリングから、主催者と連携先（NPO等）との目的意識やビジョンが合致していたことが分かった。デジタル大辞泉によると、連携は「互いに連絡をとり協力して物事を行うこと。」で、協働は「同じ目的のために、対等の立場で協力して共に働くこと」と記載されている。つまり、藤木氏・井上氏・坂本氏の共通項にあったポイントは、連携を超えて「協働」することにあるといえるのではないだろうか。

　ポイントの2つ目は「共通のビジョンや想いを持っているか」である。これは1つ目の連携・協働の重要性においても関連付けられる。このような関係性を構築するには対等な立場であることが不可欠であり、単に請負事業者と受発注契約を結ぶような関係性では成し遂げることは難しい。NPOはある特定の分野（例えば環境）に特化した活動を行っており、企業が成し遂げたいビジョンや想いにいっそう寄り添うことができると考えられる。

　ポイントの3つ目は企業が進めるプロジェクトに対して、NPOならではの「第三者的視点」を取り入れることができる点である。企業の論理に対し、市民的な立場や異なる専門性からのアイディアや意見を出すことで視点を広げられ、より良い活動づくりに寄与できるのではないだろうか。

　ポイントの4つ目はプロジェクトを「継続・発展させ続けること」である。一般的には企業の担当者が数年単位で異動したり変更になることは珍しくなく、更に属人的な活動であった場合はその担当者の異動で活動が停滞することも見られる。その時に、NPOが連携・協働していれば、活動の継続・発展の可能性も広げられるのではないだろうか。また仮に事業が終了した場合でも、NPOには実績として残り、公益的な視点で見れば次の活動のヒント

につなげたり、他社の展開にそのノウハウを活用できると思われる。

　そして最後、ポイントの 5 つ目は、NPO の持つ非営利性や市民性により、プロジェクトそのものに「安心感をもたらす」点ではないだろうか。企業単独でプロジェクトを進めた場合と、その活動に NPO 等が入りワンクッション置くのとでは、それに参加する一般市民からの見え方や印象に違いが生まれる可能性がある。つまり、企業単独のみで進めた場合は利益の追求と見なされ、商品・サービスを売りたいのではないかと誤解されてしまうケースも否めない。企業ではなく NPO が参加募集や問合せの窓口対応を担ったり、当日の MC やファシリテーターを務めることで、その疑念が和らぎ、その結果より安心して参加してもらえたり、本来プロジェクトを通じて発信したいメッセージなどがより正確に伝わることにつながると考えられる。

　世界の持続可能性を視野に入れた企業活動と、一般消費者に近い立ち位置から企業とは異なる専門性や視点を持つ NPO や NGO がタッグを組むことで、ESD に欠かせない様々な関係性やつながりをより活かした活動へと展開させることが期待できる。課題解決のための協働を一つでも多く生み出すことにより、2030 年の SDGs 達成に大きく寄与し、持続可能な明るい未来へ近づくことを願っている。

注

(1) 内閣府 NPO ホームページ：特定非営利活動法人（NPO 法人）制度の概要、https://www.npo-homepage.go.jp/about/npo-kisochishiki/nposeido-gaiyou（2022 年 1 月 16 日確認）

(2) 内閣府 NPO ホームページ：認証制度について、https://www.npo-homepage.go.jp/about/npo-kisochishiki/ninshouseido（2022 年 1 月 16 日確認）

(3) 内閣府 NPO ホームページ：特定非営利活動法人（NPO 法人）制度の概要、https://www.npo-homepage.go.jp/about/npo-kisochishiki/nposeido-gaiyou（2022 年 1 月 16 日確認）

(4) 一般社団法人日本経済団体連合会：CSR 時代の社会貢献活動（中間報告）、https://www.keidanren.or.jp/japanese/policy/2007/103/index.html（2021 年 4 月 1 日最終確認）

(5) 横浜市：市民の意欲・発想・実行力が活きる協働の都市づくりをめざして　協働推

　　　進 の 基 本 指 針、https://www.city.yokohama.lg.jp/kurashi/kyodo-manabi/
　　　shiminkyodo/kyodo/jourei/sisin.files/0007_20180711.pdf（2021年4月1日最終
　　　確認）
（6）川崎市：協働型事業のルール　はじめに～「協働」が注目される背景～、
　　　https://www.city.kawasaki.jp/250/page/0000017794.html（2021年4月1日最
　　　終確認）
（7）農林水産省：SDGs（持続可能な開発目標）17の目標と169のターゲット、
　　　https://www.maff.go.jp/j/shokusan/sdgs/sdgs_target.html#goal_17（2021年
　　　4月1日最終確認）
（8）JANIC：連携事例集、https://www.janic.org/ngo_network/example/（2021
　　　年4月1日最終確認）
（9）認定NPO法人名古屋NGOセンター：NGOと企業の連携プラットフォーム　連
　　　携事例の紹介、http://nangoc.org/plt/introduction/（2021年4月1日最終確認）

参考文献

藤木勇光（2015）「CSRは社会を変えるか"企業の社会的責任"をめぐるJ-POWER
　　社会貢献チームの挑戦」
立教大学ESD研究センター／監修、阿部治・川嶋直／編著（2011）「次世代CSRと
　　ESD 企業のためのサステナビリティ教育」

第4部　変革を主導する主体をつくる

第9章　ESDの基礎としての
センス・オブ・ワンダーとNature-Study

飯沼　慶一

第1節　子どもたちの自然体験とセンス・オブ・ワンダー

　環境教育・ESDの実践における「低年齢期の子どもたちには十分な自然体験が大切である」という考え方は、1972年にLucusがEducation in about for Environmentの考え方を示したことが基盤となっている。日本においても、阿部（1992）は以下のように述べている。

　　　幼児期では自然（＝自然に対する教育）の中で感性を養うことと大人（親）の愛情につつまれ、子どもどうしもまれて育つこと（＝人間に対する教育）が環境教育の主たる活動であり、それが豊かな[感性]と人間愛や信頼感を育てることにつながる。さらに学齢期においては、学校などで自然のしくみや環境問題（＝自然）について、また人間自身や人間を取り巻く文化・社会問題（＝人間）についての[知識]を学ぶことが、この時期の環境教育の主たる活動となる。そして高学年（さらには成人期）になるに従い、環境（＝自然）を［守り］、環境問題や人間を取り巻く諸問題（＝人間）を解決するための[行動]をとることが環境教育の中心課題になるのである。

　この考え方は長年環境教育の定番されてきた。
　また、Rachel Carsonの「センス・オブ・ワンダー」が上遠により紹介されたことにより、低年齢期の自然体験を中心とした感性の教育は、環境教育・ESDの基礎として幼児期〜低学年を中心に多くの教育活動がなされてきた。

　子どもたちの世界は、いつも生き生きとして新鮮で美しく、驚きと感激にみちあふれています。残念なことに、わたしたちの多くは大人になる前に澄みきった洞察力や、美しいもの、畏敬すべきものへの直感力をにぶらせ、あるときはまったく失ってしまいます。

　もしもわたしが、すべての子どもの成長を見守る善良な妖精に話しかける力をもっているとしたら、世界中の子どもに、生涯消えることのない〈センス・オブ・ワンダー＝神秘さや不思議さに目をみはる感性〉を授けてほしいとたのむでしょう。

　この感性は、やがて大人になるとやってくる怠慢と幻滅、わたしたちが自然という力の源泉から遠ざかること、つまらない人工的なものに夢中になることなどに対する、かわらぬ解毒剤になるのです。

　カーソンは、幼少期にこそ「センス・オブ・ワンダー」を豊かにすることが大切で、それを持ち続けることが、大人になってからの生き方にも関わってくるのではないかとも考えた。村上（2017）は、「センス・オブ・ワンダー」は私たち自身とその社会への関心を向ける感性であり、身近な社会への理解を深めると同時に、社会や世界へと関心を広げることができ、自分自身の人生の力とすることができると解釈している。

　「知る」ことは「感じる」ことの半分も重要ではないと固く信じています。

　子どもたちがであう事実のひとつひとつが、やがて知識や知恵を生みだす種子だとしたら、さまざまな情緒やゆたかな感受性は、この種子をはぐくむ肥沃な土壌です。幼い子ども時代は、この土壌を耕すときです。美しいものを美しいと感じる感覚、新しいものや未知なものにふれたときの感激、思いやり、憐れみ、賛嘆や愛情などのさまざまな形の感情がひとたびよびさまされると、次はその対象となるものについてもっとよく知りたいと思うようになります。そのようにして見つけだした知識は、

しっかりと身につきます。消化する能力がまだそなわっていない子ども
に、事実をうのみにさせるよりも、むしろ子どもが知りたがるような道
を切りひらいてやることのほうがどんなにたいせつであるかわかりませ
ん。

　ここからはカーソンは、教えることより感じることを大切と考えること。
そのためには体験をしっかりさせることが大切であると考えている。
　一方でデイヴィト・ソベルは『足もとの自然から始めよう』（ソベル、
2009）の中で、子供たちに対する地球規模の環境問題を主題とした環境教育
の問題点を指摘している。
　ソベルは、環境教育の中で子どもたちは「エコ・フォビア」すなわち、子
どもたちは環境問題という恐ろしい出来事をたくさん伝えられ、家の外にい
るだけで恐怖を感じる自然恐怖症という病かかっているかもしれないと述べ、
「自然への内在的な愛（エコ・フィリア）」をもって子どもたちに内在する自
然との絆を結ぼうとする生物学的な傾向を手助けすることを通してこの病を
治すことができるのではないかと提案している。また、

　　　“環境保護的に正しい”とされるカリキュラムは、現在進行している
　　悲惨な事態を目のあたりにすれば、子どもたちの中に現状を変えてい
　　こうという意思が育つに違いないという思い込みの下に進められている。
　　しかし、実際には、そうした悲惨なイメージというものは、自己、そし
　　て時間と場所の感覚を形成する途上にある幼い子どもに対して、始末に
　　おえない、悪夢のような影響を与えている。

と語り、小中学校の時期の環境教育のステージとして、以下の3つを提案し
ている。
　子ども期初期：自然界に共感しようとする発達的な傾向を励ますことを主
　　　　　　　　眼とする

子ども期中期：探検することを優先

思春期初期：社会的な活動が中心的な役割を担う

　そしてソベルの社会活動のポリシーとして「4年生までは悲劇なし」と述べ、熱帯雨林の破壊などの幼い子どもたちの地理的・概念的な視野を超えた大きくて複雑な問題という悲劇は低年齢の子供の活動で扱うべきではないと述べている。このソベルの考え方も低年齢期にカーソンのセンス・オブ・ワンダーを育むことと同じ考えに立っていると考えられる。

　しかしながら、センス・オブ・ワンダーを育むことが本当に環境教育・ESDの基盤となるのだろうか。

　2000年代に入り、それまでの実践されてきた環境教育が十分に役割をなしてきたのかを問い直され、体験を重視した環境教育の問題点が指摘されるようになった。

　その解決策として、阿部やソベルの言うように発達段階によって環境教育のステージを変えながらつなげていくという方法があるであろう。ソベルの『足もとの自然から始めよう』の翻訳者の岸は、「ソベルの発達論的な理解によれば、この時期の子どもたちは、動物を友だちとする共感的体験を通して生きものの世界と強く肯定的な結びつきを形成し、秘密基地づくりや探検行動を通して足もとから広がるランドスケープ・暮らしの地域（として現れる地球）に親しみ、それらを土台として、思春期前期から思春期にいたり、社会に貢献する主体として育っていく存在である。」と述べ、体験が土台となり、行動につながると考えている。

　また、今村（2009）は、今までの環境教育が十分に実践され、環境問題の解決に役立ってきたのだろうかを疑問視し、「理念型環境教育と既存型環境教育が融合したこれまでには見られなかった新しい環境教育」が必要であると述べている。このなかで、低学年にかかわるものでは、理念的環境教育では「自然体験重視型環境教育」、既存型環境鏡教育では「家庭の中にある環境教育」「地域と共同体の中にある環境教育」であり、これらの融合が新しい環境教育につながると述べている。

　これらの考え方は、カーソンのセンス・オブ・ワンダーを否定するものではなく、センス・オブ・ワンダーから始まり、子どもたちの身の回りにある生活や地域の総合的な環境とじっくり関わりながら広げていくことが大切であることを示していると考える。

第2節　『となりのトトロ』に見るセンス・オブ・ワンダー[(1)]

　センス・オブ・ワンダーを感じることのできる映画として『となりのトトロ』がある。『となりのトトロ』を見ると何か懐かしい日本の自然の美しさや風景が浮かび上がる。それはどうしてなのだろうか。

　『となりのトトロ』を監督した宮崎駿は、「照葉樹文化論」に強い影響を受けていたことで知られている。田端（1991）によると、照葉樹文化論とは、日本の多くの基礎文化（例えば、「茶の葉を加工して飲用する」、「モチを食べる」、「麹を使用した発酵酒の醸造」などの習慣）が「照葉樹林帯に発祥した農耕文化と共通の基礎を有している」という点から、これらの文化を共通の起源地から伝播したものであると見なす仮説である。照葉樹文化論では「「神道」と称されている日本固有の信仰」が、縄文文化から発祥していると考えられていて、その信仰は、「アニミズム」に基づいている。アニミズムは「動物あるいは植物、あるいは無機物にも人類と共通の霊が存在し、その霊によって、全ての生けるものは生きるものになる」という思想を持ち、樹木や動物を崇拝する。檜垣（1989）は日本人のアニミズムを「日本的アニミズム」と呼び、日本固有の自然観である「草木国土悉皆成仏」の思想に基づき「動物はもちろん、草木が悟りを開いた人間と同じように、仏になる」という考え方であり、「国土、すなわち山河や砂礫といった無生物」の中にまで人間と同じ精神性を認め、人間の存在を自然または自然現象の一部とみて、人間中心的主義を否定する思想と考えられている。

　角（2016）は『となりのトトロ』の原作者である宮崎駿の自然観について以下のインタビューを取り上げている。

　ある新聞の小さなコラムで、日本人の生死観とヨーロッパ人のそれは
違うという記事がありました。老年になると日本人は自然と一体になり
たがり、ヨーロッパ人は自然と対面しトコトン見つめる、と。自然と一
体になるというのは、日本人だったら、緑の懐に抱かれるとか、そんな
イメージなんでしょうが、ゴビ砂漠に住んでいる人だって、ある種の自
然との一体感を持つんですよ。日本人だから自然に帰りたいと思うので
はなく、自分が生まれて、そこで世界を知った場所というのは、どの民
族にとっても、ひじょうに大切な場所なんだと思う（宮崎、1996）。

　このインタビューから角は「ジブリ映画の環境思想は、ユニバーサルなも
のを目指しているというよりはむしろ、日本という「土着的なもの」を志向
していると見るべきである」と述べている。宮崎の持つ自然観は、日本固有
の自然観に基づいたものであると考えられる。
　更に、馬場（2014）は、登場人物であるサツキの心情と作中の天候変化の
関連性に着目し、トトロにおける自然現象は「人間の心情と関係性を持つも
の」であると考えた。また、作中に出てくる不思議な生き物たち（トトロ、
ネコバス、マックロクロスケ）が「自然の仕組み（パターン）を具現化した
もの」であるという視点を持ち、それらとサツキ・メイの交流から、人間も
「自然現象の仕組みそのものの一部」であると捉えた。自然が人間にとって「孤
独を感じそうになった時、1 人ではないことを教えてくれるもの」であるとし、これらの「哲学的考察」を鑑賞者に読み解かせることにより、「人々に
自然に対する注意を促し、自身が自然の一部であることを伝える」ことや、「人
間が自然と共にどう生きていくべきか」を考えさせることのできる環境教育
としての効果があると述べている。馬場は、トトロたちとサツキ・メイの交
流を自然と人々との関係性に置き換え、トトロに込められた環境思想を、自
然と人間の関係性について肯定的に捉えたものと解釈している。この解釈は
まさに、人間を自然現象の一部とする日本的アニミズムと同じ考え方を持つ

ものであると考えられる。

　宮崎（2013）はトトロの制作に当たって以下のように語っている。

　　　「『トトロ』っていう作品はいつかどんな形でもやらなきゃいけないな
　　と思ったんですよね。これはなんか日本人だからやらなきゃいけないな
　　って勝手に思ってたんです。そうしなきゃいけない作品だって。」

「日本人だからやらなきゃいけない」という言葉からは、トトロがジブリ
作品の中でも、宮崎の持つ日本的な自然観に基づいた環境思想がより色濃く
表れた作品であることが伺える。

　宮崎駿は、トトロを「緑を全然綺麗だと思えなかった、貧乏の象徴にしか
思えなかった自分への手紙」（宮崎、2013）であると言い、以下のように語
っている。

　　　僕自身、ずっと日本が好きじゃなかったですから。日本っていう国家
　　は今も好きじゃないですけども、日本の風土も嫌いで困っていた子供時
　　代の僕に、こういうとこがあるんだよって、こういう見方をすりゃいい
　　んだよっていうふうなね、そうやって見せられる映画があったらよかっ
　　たのにとは思いましたから。

　この言葉から、宮崎がトトロを通して日本の風土を幼少期の自分自身に対
して肯定的に捉えてもらいたいだけでなく、トトロを視聴する全ての人々に
も同じように捉えてほしいと考えたのだろう。。

　トトロでは物語の地として豊かな里山が描かれ、そこに住む人々の暮らし
が丁寧に描かれている。トトロに出てくる自然は、「人間が切り開いた自然」
であり、里山も「豊かな自然」として描かれている。この自然環境の描き方
について角（2016）は、宮崎が「照葉樹文化論を絶対視せず」、自然環境に
ついて「多様性を持つものであるという認識」を持っているのではないかと

述べている。自然だけを必ずしも良いものとするのではなく、自然と人々が
いかにして向き合っていけば良いのかという宮崎の主張が表れているのかも
しれない。

　また、宮崎は映画の制作に関し、以下のように語っている。

　　僕はだから、環境問題とかそういうことで映画を作りたいとは今思わ
　ないんですよ。なぜかっていうともう当たり前のことだから。子供だっ
　て全部知っているんだよね。だから今、環境問題を告発するような映画
　を作りたいとは全然思わない。もし作るんだったら、『"木"っていうの
　はどれほど素晴らしいか』とか、そういう映画を作りたい、それが本当
　にできるなら。それができたらどんなにいいだろうかっていつも思って
　るんだけど。

　このように直接的な環境問題の描写や環境保全を促す提言を行わず、日本
の自然そのものの良さを伝えようとする宮崎の姿勢は、「センス・オブ・ワ
ンダー」を育む大切さを述べたカーソンや、「4年生までは悲劇なし」とす
るソベルの考え方と一致する。また、トトロの映画の中では、ソベルの言う
「動物を友だちとする共感的体験を通して生きものの世界と強く肯定的な結
びつきを形成し、秘密基地づくりや探検行動を通して足もとから広がるラン
ドスケープ・暮らしの地域（として現れる地球）に親しむ」ことを体験でき
るのではないだろうか。すなわち、この映画を見ることは、「センス・オブ・
ワンダーを駆使しトトロという架空の動物との共感的体験を通して、トトロ
達と強く肯定的な結びつきを形成し、足元から広がる日本の里山風景を探検
する映像体験」と捉えることができると考える。

　トトロでは自然をいつかなくなってしまうもの、破壊されてゆくものとし
てではなく、いつも人々の傍にあるものとして描くことで、鑑賞者と自然と
の距離を縮め、映像の中でセンス・オブ・ワンダーを体験できる作品になっ
ている。

　また、当初は物語が老婆による語り手口調で、現代の子どもたちが過去の自然豊かでトトロが生息していた頃の物語を聞くという現代風刺的なストーリーであったが、宮崎が近過去の物語として完成させた。叶（1998）は「大人のノスタルジーから現代を否定してはならないという自戒であり、子供に対して森の扉を開けて置くという責任」であったと解釈している。宮崎は意識していたかはわからないが、映像により、日本人の身近にある里山環境の中でのセンス・オブ・ワンダーを育むことにつながっているのではないだろうか。

第 3 節　学校における低学年自然学習―Nature Study（自然科）から生活科へ―

1　環境教育のルーツとしての Nature Study（自然科）

　日本の環境教育のルーツは公害教育・自然保護教育の大きく 2 つの流れから始まっていると考えられているが、「公害」「自然保護」以前のものとして、鈴木（2014）は、「自然学習に地域を取り入れた学習」という今日の環境教育の先駆的な活動として Nature-Study を取り上げている。

　一方で、この Nature-Study 運動が始まったアメリカにおいても Nature-Study 運動は環境教育につながる思想として取り上げられている（阿部、1992、荻原、2011）。さらに岩田（2013）も、「小学校理科における自然を愛する心の育成」「自然保護教育と自然観察」「公害教育」と共に Nature-Study を取り入れた「成城小学校の自然科」を取り上げ、自然破壊や環境汚染に対する危機感から生まれた「自然保護教育・自然教育」「公害教育」とは異なり、子どもの発達成長を起点にした教育への要請から生み出されたものであり、日本の環境教育の前身の一つであると述べている。

　Nature-Study は、19 世紀後半にオスウィーゴー師範学校を中心に展開された直接モノを観て教えるという「直観」を重視したペスタロッチ主義教育に基づく初等教育改革運動や、幼児教育の父と言われるフレーベルの教育思

想が色濃く反映されているとされる。寺川（1988）は、その中で最もよく自然科の特質を表わしているのはベイリの Nature-Study の特徴を以下のように概観している。

　　子どもは自然の中での遊びを通してさまざまな経験をし、自然に関する知識を身につけていく。子どもの心身の成長や人格形成において自然はなくてはならぬ存在である、だが、子どもはこの自然を理解するとき、必ずしも科学者のように客観的な理解はしない。子どもの自然認識には詩人に似たところがあり、単に事実だけからではなく、感情や想像を混じえて自然を認識している。

　　〜中略〜

　　ベイリはむしろこのような子どもの認識や思考の特性をふまえ、それを効果的に 活かす学習を行ってこそ、子どもにとって 真に価値ある学習ができると考えていた 」「Nature-Study は科学ではない。体系的知識の学習でもない。自然に対する心構えをつくる学習である。初歩的段階から形式的教育を行うことへの反抗である

と述べているが、ここでは特に以下の 2 点が重要であると考える。
○「本からでなく、自然から学べ」を実践し、具体的な事物、事象を観察することから自然に対する共感的な態度を育てる教育である。
○小学校において形式的な科学を教えることに対する反抗である。
　このNature-Study は「自然科」として大正自由運動期に日本に導入された。大正自由教育運動は、第一次世界大戦後に起こった教育運動であり、エレン・ケイ『児童の世紀』やアメリカではデューイや進歩主義教育等の影響を受けた新教育運動（1920年代〜 1930年代前半）の考え方が導入され、それまでの教師中心の画一的で型にはめた注入主義教育のスタイルから、子どもの関心を中心にしたより自由な教育の創造を目指そうと、私立小学校や師範学校付属小学校を中心に展開した。

　この大正自由教育の影響を受け、当時は4年生からしかなかった理科に対して低学年理科設置を目指した低学年理科特設運動が巻き起こる。成城小学校の「自然科」を中心とした低学年理科設置の研究は、20年以上私立小学校や全国の師範学校の附属小学校などで粘り強く実践が積み重ねられ、公立学校での低学年理科設置への大きな動きとなったと考えられている（長谷川1999、板倉、2009）。

　そして、1941年には文部省から低学年理科の教師用教科書として『自然の観察』が発刊された。初めての低学年理科の教師用教科書であり「教師が豊かな自然環境に子どもを導き、自然に親しみ、自然を愛好し、自然の驚異に目をみはる心を子ども一人ひとりに育成することが期待されている」として、低学年理科そして生活科の源流であることだけでなく、環境教育につながる自然教育の流れの一つである。また、センス・オブ・ワンダーが伝わる以前に自然を感性でとらえるためのマニュアルであるとも考えられる。

　ベイリの「本からでなく、自然から学べ」を実践し、具体的な事物、事象を観察することから自然に対する共感的な態度を育てる教育が国の施策として実現したのである。

　『自然の観察』の内容は、Nature-Studyに端を発した自然科の考え方を十分に取り入れていたが、現場の理科教育研究者・実践者の意見は取り入れなかったようである。長谷川（1999）は、「現場における、自由な教科研究に歯止めをかけるという目的が込められていた」「教材も指導法も規定し、自由な現場の教科研究に歯止めをかける物となってしまった」などの問題点も指摘している。

　他方、「自然科」の流れは、理科の枠にとらわれない低学年総合学習として「郷土科」「生活科」「散歩科」「遊び科」などの名称で私立学校や全国の師範学校の附属小学校で実践が続けられた。これはベイリのもう一方の重要な点である「小学校において形式的な科学を教えることに対する反抗である」という「自然科」への回帰は、後に低学年理科が総合的な教科である生活科につながっていった。

2　成城小学校における「自然科」から低学年総合学習への変遷

　成城小学校は大正自由教育運動のさなか1917年（大正6年）に実験学校として創設され、開校当初からNature-Studyを取り入れた。理科教育顧問である和田八重造がNature-Studyを取り入れ、諸見里朝賢、平田巧、谷騰の3人が積極的に低学年理科の実践研究に取り組んだ。「彼らに共通する低学年理科の目的論としては、将来の児童の生活を安全に進歩、改善させるために、児童に理科に関する知識や能力精神を養うことなどが見られる」（山田・磯崎、2016）と考えられ、自然に関する精神として、自然を愛する心情などが挙げられている。

　谷（1921）は、「大自然の中で子どもと自由に遊ぶこと、それが私の理想である」「尋常一年生の理科は戸外に於いて教授することを本體としなければならない」「児童を自然界に解放することに依つて、眞理探究の能力を進展せしむるは理科教育の本領である」と述べ、低学年の児童を自然の中に解放する理科の大切さを述べている。その一方で「五、六歳の児童は既に立派に理科を生活して居ると思ふ。彼等が草花を摘み、蝶を追ひ、メダカを掬ひ、蝉を捕へ、キリギリスを飼ひ、蛍を狩り、犬と遊び、或は種子を播き、苗を植ゑる等、何等の干渉も受けない自由な遊びのうちに、子供らしき研究を試み、観察に力め、工夫を凝らして、食を忘れ、日の没するのをも知らないという状態がそれである。」と述べ、生活の中での自由な遊びが、理科に繋がるものとしても重要であることを主張している。

　木全（2004）は、谷の低学年理科について、①戸外で教授することを本体とする、②子どもの質問に対して、教えこみはしない、③本物の自然を対象とし、生きた材料によって行うことと整理し、教師の態度として、「子どもを　自然物に接触させ、自由な心持ちの間に、適切な刺激と暗示とを与え、自ら発見せしめ、理解せしめ、想像せしめるように導く」ことが大事であるとまとめている。

　このように谷は「自然の中で自由に遊ぶ」ことを大切にしていることが伺

える。これはベイリのNature-Study論の「子どもは自然の中での遊びを通してさまざまな経験をし、自然に関する知識を身につけていく、子どもの心身の成長や人格形成において自然はなくてはならぬ存在である」という特徴と合致し、センス・オブ・ワンダーにも通ずるものである。

　また、成城小学校では、理科としてのNature-Studyの研究とともに、子どもの生活自体に視点を置く遊び（遊戯）の研究も進められていた。遊びの研究は、前述の谷が述べていた「生活の中での自由な遊びが、理科に繋がるものとしても重要であること」ともかかわりながら、その後の遊び科の理論の原点になる島田正蔵（1885 - 1960）の研究に引き継がれていく。

　島田（1925）は、「遊戯は子供の本性として既に具へてゐるものであつて、外部から偃達される性質のものではない。それ故に遊戯の價値、遊戯することは、他から教えられて在するものではなくして、自らの中に、自らによつて、自分のために創造されていくものである」と述べ、人は自然的興味を持っていて、自然物や玩具や道具などの科学の世界で遊ぶ機会を持つことが必要であるとし、「長友谷騰君が尋一二の理科教材として選抜され、子どもの教育に資せられたものを次に揚げたい」と谷の12の理科教材（自然科の教材）を取り上げている。前述のように谷はNature-Studyを重視し低学年理科に取り組んでいたことから、島田も遊戯とNature-Studyを結び付けて考えていたと推測される。

　その後島田は教育問題研究77號「學習の眞諦―未分化學習―」（1926）で、低学年の児童は「未分化」であり、「生活の本質上から無限定・未分化・未分析の世界に於いて學習せしむるといふことが、児童それ自身の活動に最も適應した教育法であることは、更に言葉を改めて結論するまでもないことであると思ふ」と述べ、「例へば数學の世界だとか、理科の世界だとかいふ様な個々分離せるものではないのである」と考え、低学年における教科を中心とした教育を批判し、「未分化學習」に譲るべきであると主張している。これはベイリのNature-Study論の「自由にして束縛のない学習活動こそ価値がある」「Nature-Studyは現在の硬直した教授法や、まだ未熟な子どもの能

力を考えずに、それ以上のことを要求する教授の在り方に対する挑戦である」
と共通するものと考えられる。

　このような主張を持ち、島田は「自然による教育」と「遊戯による教育」
の実践研究を担任クラス楠組の児童との生活の中で行った。「クスノキクラ
スの教育―自然による教育―」（島田、1927）の中では、子どもの自然に対
する疑問について調査し疑問が少ないことに気づき、都会の子供は経験が足
りないことを危惧して、自然の中で遊ぶことの必要性を述べている。そして、
「クスノキクラスの教育―遊戯による教育―」（1927）では、子どもの遊びは
遊戯の対象や内容を決めるものではないと結論付け、自然による教育も遊戯
による教育もどちらも直接経験の教育であるが、自然の中で遊ぶのは自然と
いう対象があるが、一方で遊戯は子どもたち自身が遊ぶ対象を自分で作るも
のと考えた。

　島田のこれらの研究は、ベイリの「小学校において形式的な科学を教える
ことに対する反抗である」ことと一致する。また、自然科学の視点だけでな
い遊びという子どもの生活に根ざした教育活動は、カーソンやソベルとも近
い考えである。

　また、この実践は戦後成城小学校の自然の中での直接体験を主とした「散
歩科」、子どもたちがあるがままに自由に遊ぶ「遊び科」という教科につな
がっていくこととなる。

3　生活科の誕生

　1941年に「自然の観察」が発刊され、戦後は低学年理科が実現し小学校 1
年生から 6 年生まで理科の時間が設置された。戦後は生活経験中心で始まっ
た日本の教育は、高度成長期の経済成長のための能力主義教育を経て、1970
年代後半から総合や合科学習が注目される時代となる。1977年の指導要領の
改訂では、自ら考える力を持つ児童・生徒の育成を基本的目標とし、ゆとり
あるしかも充実した学校生活が送れるようにする考え方が導入された。この
中で低学年は「児童の具体的かつ総合的な活動を通して知識・技能の習得や

態度・習慣の育成を一層重視するという観点から合科的な指導を従来以上に推進するような処置が望ましい」と答申で述べられている。Nature-Studyのもう一つの系譜が、低学年理科とは違う生活に根差した総合教育という自然観察とは違う歩みを大きく進めていくこととなる。

　この後1989年の生活科新設にいたるまで、前述の「郷土科」「生活科」「散歩科」「遊び科」などの低学年総合教育が見なおされ、各地で様々な合科・総合学習の教育実験が行われた。新教科（生活科）設置を議論した「小学校低学年の教育に関する調査研究協力者会議」（1984～1986）15回のうちの1回では、1985年6月に成城学園初等学校（旧成城小学校）を視察している（中野、1996、吉富・田村、2014）。その中で中野（1996）は、Nature-Study（自然科）の流れを汲んだ特設教科である「遊び」「散歩」の子どもたちの生き生きとした姿が印象深かったと述べ、「無意識の感化影響の教育原理」をその背景に持ち、意識的な教育だけでなく無意識の教育の重要性を説き、その実践が多くの参観者に印象深いものとなり、生活科誕生の背景にこの学校視察があったと指摘している。前に述べた成城小学校のNature-Studyから遊びの流れは、生活科設立にかかわることになったのである。

　この流れで設置された「生活科」は現在では、小学校低学年環境教育の中心的な教科となっている。

> 生活科設立当初の目標[2]
> 　具体的な活動や体験を通して、自分と身近な人々、社会及び自然とのかかわりに関心をもち、自分自身や自分の生活について考えさせるとともに、その過程において生活上必要な習慣や技能を身に付けさせ、自立への基礎を養う。

　目標にあるように、体験を重視し、自然・社会・身近な人とかかわり自分自身や生活について考えること、そして身近な環境からの「気づき」を重視する生活科は、前述したカーソンやソベルの考え方とも重複する。

　以上のように学校における低学年環境教育の歴史をたどると、「低学年理科における自然観察」、そして「身近な環境と自分とのかかわりを重視する生活科」はNature-Studyの思想が強く影響を及ぼしていることがわかる。学校教育において、子どもたちの自然観察・体験や生活科の科学的な視点だけでない生活に根ざした総合的な考え方は、Nature-Studyからつながっているのである。このように日本におけるNature-Studyから生活科に至る過程は、後のセンス・オブ・ワンダーやデビット・ソベルの考え方との共通点が多いものであると考えられる。

第4節　おわりに

　ここまで、センス・オブ・ワンダー・となりのトトロ、そして日本における自然学習（Nature Study）の歴史について述べてきた。

　低年齢の環境教育は、センス・オブ・ワンダーから始まり、子どもたちの身の回りにある生活や地域の総合的な環境とじっくり関わりながら広げていくことが大切であること、そして。となりのトトロのように、映像により日本人の身近にある里山環境を描いた作品からもセンス・オブ・ワンダーを感じることができること、そして日本の自然学習の歴史からは、日本なりのNature Studyからセンス・オブ・ワンダーにつながる、「自然そのものを学ぶ学習」と「自然を含めた生活を総合的に学ぶ学習」の大きな二つの流れがあることを述べた。またセンス・オブ・ワンダーについても「自然に対する感性」だけでなく、現在は「社会や世界を感じ取る感性」にも広がっている。

　では、これらは、ESDの基礎となるのであろうか。阿部（2014）は、「ESDは地球規模での持続可能な開発に立った取り組みであるが、その達成のためには持続可能な地域づくりが不可欠である」と述べ、「地域内の人的、自然、歴史、文化資源などを生かし、地域内の経済や福祉、教育などを進行させる内発的発展を日本版SDである」と述べている（阿部、2012）。阿部のように日本版ESDを「持続可能な地域づくりのための教育」と捉えると、その基礎

である幼少期には、センス・オブ・ワンダーを働かせ、自分の地域の自然や社会に、感性豊かにそして体験的に総合的にかかわること、そして自分の生活とかかわらせながら、そのかかわりを発達段階とともに広げていくことが大切なのであろう。

注

（1）第2節は学習院大学文学部教育学科石橋愛美さんの2020年度の卒業論文『となりのトトロ』が児童にもたらす環境教育としての効果に関する研究－「環境文学」の視点から－（未発表）の一部をこの章に合うように加筆・修正したものである。

（2）現在の生活科の目標は、全教科が資質・能力で統一されたことを受け、以下のように変更されている。しかし理念は変わっていない。

「具体的な活動や体験を通して、身近な生活に関わる見方・考え方を生かし、自立し生活を豊かにしていくための資質・能力を次のとおり育成することを目指す。」

⑴活動や体験の過程において、自分自身、身近な人々、社会及び自然の特徴やよさ、それらの関わり等に気付くとともに、生活上必要な習慣や技能を身に付けるようにする。

⑵身近な人々、社会及び自然を自分との関わりで捉え、自分自身や自分の生活について考え、表現することができるようにする。

⑶身近な人々、社会及び自然に自ら働きかけ、意欲や自信をもって学んだり生活を豊かにしたりしようとする態度を養う

引用文献

阿部治「第2部第1章アメリカにおける環境教育」（環境教育推進研究会編集、『生涯教育としての環境教育実践ハンドブック』第一法規出版、1992年）32～47ページ

阿部治『ESD入門』（筑波書房、2012）

板倉聖宣『増補　日本理科教育史』（仮説社、2009）581ページ

今村光章『環境教育という「壁」』（昭和堂、2009）8～25ページ

岩田好宏『環境教育とは何か』（緑風出版、2013年）228ページ

荻原彰『アメリカの環境教育』（学術出版会、2011年）223ページ

叶精二「となりのトトロの自然観」（宮崎駿論.高畑勲・宮崎駿作品研究所、1998年）http://www.yk.rim.or.jp/~rst/rabo/miyazaki/totoro_i.html（参照2020-9-1）

木全清博「昭和学園における谷騰の教育実践―成城小学校時代の理科教育の実践」（「滋賀大学教育学部紀要　教育科学」No.54,、滋賀大学教育学部、2004）87-104ページ

島田正蔵「遊戯における教育的經驗」（教育問題研究74号、成城小学校、1925）13～25ページ

島田正蔵「學習の眞諦―未分化學習―」（教育問題研究77號、成城小学校、1926）

11〜19ページ

島田正蔵「クスノキクラスの教育―自然による教育―」（教育問題研究83號、成城小学校、1927）1〜14ページ

島田正蔵「クスノキクラスの教育―遊戯による教育―」（教育問題研究84號、成城小学校、1927）27〜38ページ

鈴木善次『環境教育学原論』（東京大学出版社、2014）234ページ

角一典「ジブリ映画の環境思想　日本的な風土に関わる考察」（『北海道教育大学紀要』人文科学・社会学科編66巻（2）、2016年）73〜88ページ

谷騰「児童を自然界に解放せよ」（教育問題研究15號、成城小学校、1921）17〜25ページ

田畑久夫「照葉樹林文化論の背景とその展開（2）」（兵庫県高等学校教育研究会地理部会兵庫地理37巻、兵庫地理学協会、1992年）28〜42ページ

デイヴィッド・ソベル［訳］岸由二『足もとの自然から始めよう』（日経BP社、2009年）24、27〜30、100〜101ページ

寺川智祐「−総説−小学校低学年理科の特性とその教育的意義―初等理科成立過程からの一考察―」、（『科学教育研究』、第12巻、第4号、1988年）128〜136ページ

中野重人『生活科のロマン』、（東洋館出版社、1996）246ページ

長谷川純三『生活科の源流』（同時代社、1999年）182ページ

馬場綾菜「宮崎駿の環境映画：トトロが教えてくれること」（『信州大学国語教育』24巻、信州大学国語教育学会、2014年）13〜22ページ

檜垣巧「日本的アニミズムと宗教的自然観：特殊日本的な宗教意識の発掘」（密教文化密教研究会、1989年）1〜31ページ

ベイリ［訳］宇佐美寛『自然学習の思想』、（明治図書出版、1972年）164ページ.

宮崎駿『出発点1979−1996』（スタジオジブリ、1996年）

宮崎駿　インタビュアー：渋谷陽一（『風の帰る場所』文春ジブリ文庫、2013年）279ページ

村上沙央里「レイチェル・カーソンの生涯と思い」（『レイチェル・カーソンに学ぶ現代環境教育論』、法律文化社、2017）9〜10ページ

文部省『復刊　自然の観察』（農文協、2009）

山田真子、磯﨑哲夫「Nature Studyがわが国における小学校低学年の理科に与えた影響―大正期の成城小学校の事例―」（『理科教育学研究』、57巻2号、2016年）143〜154ページ

吉富芳正・田村学、『新教科誕生の軌跡』（東洋館出版社、2014年）217ページ

レイチェル・L. カーソン［訳］上遠恵子『センス・オブ・ワンダー』（新潮社、1996年）23〜26ページ

LUCUS, Arthur Maurice 1972 ENVIRONMENT AND ENVIONMENTAL EDUCATION: CONCEPTUAL ISSUES AND CURRICULAM INPLICATIONS, The Ohio State University

第10章　気候変動教育にみるESDの展開
―危機を乗り越える主体をつくる―

高橋　敬子

第1節　気候変動教育の必要性とESDで扱う意義

　気候変動による影響は、世界各国の様々な地域で顕著に現れるようになってきた。日本においても、気温上昇による農林水産業への被害、熱中症患者の増加や、積雪不足による観光への影響等の他、河川の洪水、土砂災害、台風の強度の増加による高潮災害等が起こっている。ドイツの環境NGOジャーマンウォッチが発行したグローバル気候リスク指数2020（Eckstein et al., 2019）によると、2018年に気象災害により最も被害を受けた国は日本であった。これは、2018年に日本を襲った西日本豪雨や台風21号、熱波等による被害によるものである。極端な気象現象は、気候変動の影響に対して適応能力が低い最貧国に、より大きな打撃を及ぼすと言われている。しかしながら、近年のヨーロッパ、北アメリカや日本での熱波等による被害を見ると、気候変動の問題は、いずれの大陸や地域においても無視できる段階にはないと言える。

　2015年に国連気候変動枠組条約締約国会議で合意されたパリ協定では、世界の平均気温上昇を産業革命以前に比べて2℃より十分低く保ち、1.5℃に抑える努力をするという長期目標が掲げられた。しかしながら、2015年時点で各国から提出された温室効果ガスの削減目標だけでは、2℃の達成には不十分であることが報告されている。また、2018年に気候変動に関する政府間パネル（IPCC）から出された1.5℃特別報告書によると、気候変動影響を最低限に抑えるためには世界全体の人為的な二酸化炭素（以下、CO_2）排出量

を2050年頃に正味ゼロにする必要がある（IPCC, 2018）という。

　日本や韓国は2050年に、中国は2060年までに温室効果ガスの排出を実質ゼロにすると宣言した。そして、アメリカもパリ協定への復帰に署名したことで、ようやく世界の潮流として気候変動対策の足並みが揃ってきた。今後、各国においてより具体的かつ革新的な対策の実施が望まれる。

　気候変動に対して、技術的・財政的な政策が役割を果たす一方で、より幅広く構造的、文化的、受容的、行動的でイデオロギー的なシフトも必要であり、その点で教育が気候変動への対応に重要な役割を果たすと言われている（Mochizuki・Bryan, 2015）。

　気候変動の問題は、過去や現在の人間活動が将来世代に影響を及ぼす「世代間の公正」や、温室効果ガスの排出が先進国に比べて少ない低所得国の人たちが、より大きな被害を受ける「国家間の公正」等の複雑な側面を持っている。さらに、その要因は、森林伐採や行き過ぎた消費、グローバル化等の社会経済的要因が複雑に関係していること、不確実性が伴うこと等、非常に厄介である。

　このような問題の特徴を考えると、気候変動教育では、複雑な事象や要因・問題間のつながりを理解したうえで、環境・経済・社会、過去・現在・未来、地域・国・世界のさまざまな視点から総合的に問題を捉え直し、解決方法を考える機会を提供する必要があると言える。そのうえで、気候変動の問題について自分の考えを持ち、他者の意見も認めたうえで、様々な場で自分の意見を述べることができる人材の育成が必要である。そのために、地域の身近な問題の解決を重視した問題解決型教育、地域活動を重視した参加体験型の学び、さまざまな分野の教育要素を横断的に学ぶESDの視点は非常に重要である。

　次節から、日本、ドイツ、オーストリアにおける先進的な気候変動教育事例を紹介する。

第2節　日本の地域における気候変動教育の取組み

　本節は、独自の気候変動教育プログラムを開発し、実施している福井県の事例を紹介する。

1　福井県独自の気候変動教育の背景

　福井県内の温室効果ガス排出量は、2008年度以降減少傾向にあったが、東日本大震災の影響で火力発電所の稼働が増えたことから、全体としては増加傾向になっている。温室効果ガスの排出割合は、産業部門が最も多く、次いで家庭部門、業務部門、運輸部門、その他部門となっている。家庭部門の二酸化炭素削減は県の重要な課題の一つであり、2006年から日常生活（Life）、事業活動（Office）、自動車利用（Vehicle）、環境教育（Education）の各分野において地球温暖化防止の活動の輪を広げる地球温暖化ストップ県民運動「LOVE・アース・ふくい」が展開されてきた。本運動とともにアースサポーターの養成や派遣、環境教育教材の開発や清掃活動等の体験活動が実施されてきたが、気候変動に関する県独自の教材はこれまで作成されていなかった。

　県では、地域レベルで気候変動の問題や適応策について学べる気候変動教育のニーズの高まりや、気候変動による自然災害が県内でも顕在化していることから、独自の気候変動教育を実施し、県内の事例を題材にする（情報発信）ことで、気候変動への意識が高まり（意識改革）、身近で起こる地球温暖化問題に対して活動するきっかけ（行動喚起）にしたいと考え、県独自の教材の開発に至った。

2　福井県での気候変動教育の実施体制

　令和元年度より、県の環境政策課が主体となり、全庁的取組として教材作成が始まった。具体的なプログラムの開発・実施は、県内の民間教育研究所

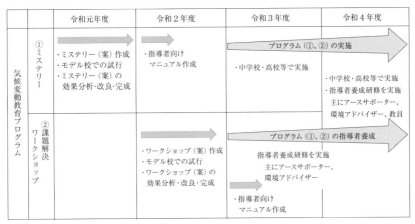

図10-1　福井県の気候変動教育４年間のスケジュール（提供　福井県）

や大学のESD研究者、年稿博物館等と連携して行われている。また、県内の中学・高校数校に協力を依頼し、プログラムの試行と改善を行っている。事業実施期間は４年で、令和元年～２年度は２部構成のプログラム（①福井県版ミステリーワークショップ、②課題解決ワークショップ）の開発・試行・改善（２年間）、令和３年度以降は、開発したプログラムを利用した指導者養成の他、県内の中学・高校の授業や、一般を対象とした講座での実施が予定されている（**図10-1**）。県は、最終的に理科や社会等の教員が通常授業で本プログラムを実施できることを目指している。その土台を築くため、段階的な研修とプログラムの実施を予定している。第１段階として、出前講座を実施できる派遣講師の研修の実施、第２段階として、理科や社会の教員が通常授業で実施できるように、教員研修を通してプログラムの紹介を行っていく予定である。

3　福井県での気候変動教育の特徴

（1）福井県版ミステリーワークショップ

　本プログラムは、全２回（１回目：福井県版ミステリーの体験、２回目：福井県版ミステリーの結果発表、ふり返りの後、気候変動のメカニズムや予

測、影響や対策について学び、身の
回りで対策のヒントを見つけるミニ
ワークの実施）で構成されている。
気候変動問題の本質に気づき、身の
回りの問題と関連づけ、対策のヒン
トを見つけるという展開から、気候
変動教育プログラムの導入として位
置づけられている。

図10-2　ミステリーカードの並べ替え
　　　　の様子（提供：福井県）

　「ミステリー」は、イギリスの地
理の教員グループが出版した「地理学による思考（Leat, 2001）」で取り上げ
られた学習手法であり、ミステリアスな謎に対して、情報カードを論理的に
並べ替えながら、その謎を解くものである。福井県版ミステリーは、高橋・
ホフマン（2019）が開発した日本版気候変動のミステリーを参考に開発され
た。国や世界の気候変動による影響に加え、気候変動による福井県への影響
や適応策、福井県の年稿研究の結果も取り入れられている。これらの情報は、
県の環境政策課が中心となり、12の課が連携して最新情報を収集・確認して
いる。本プログラムは、中学校1校、高校2校（生徒数約300名）で試行的
に実施し、評価・改善が行われている（水上・高橋、2021）。

（2）課題解決ワークショップ

　福井県の気候変動の現状について、
生徒同士で批判する第1段階（批評）、
福井県の理想像を描く第2段階（ファ
ンタジー）、理想像を達成するた
めの方法を話し合う第3段階（現実
化）の3段階で構成されたプログラ
ムである。本プログラムは、社会問
題の解決策を見つけるためにドイツ

図10-3　課題解決ワークショップの様子
　　　　（提供：福井県）

で実施されている未来ワークショップと、アメリカの心理学者エリオット・
アロンソンが開発したジグソー法を参考に開発されている。

　福井県の気候変動の現状として、第 1 段階では、共通資料（温室効果ガス
等排出量に関する情報）、A．交通（自動車、公共交通、他）、B．エネルギ
ー（供給、消費）、C．農林水産業（生産、消費）の 3 分野に関する資料を
配布し、最初のグループ（ホームグループ）で、共通資料と各自割り当てら
れた分野の資料を批判的に読み込む。第 2 段階では、分野ごとのグループに
分かれ（エキスパートグループ）、各分野に関する批評を行う。それを基に
福井県が持続可能な県になるための理想像を描き、その達成方法を話し合う。
第 3 段階では、ホームグループに戻り、話し合いの結果の共有の他、福井県
の理想像と達成方法について、3 分野の意見を統合してホームグループでの
意見をまとめる。最後に結果を発表してふりかえりを行う流れである。

　本プログラムは、福井県の現状を批判的に捉え、将来を予測し、様々な分
野の考えを統合して戦略的に問題解決の方法を考える、という段階的な学び
によって、生徒が福井県の現状を深く知り、考え、地域で具体的な行動にう
つすための基本的な力を身につけることが目指されている。

第 3 節　ドイツ・バーデンビュルテンベルク州における気候変動教育の取組み

1　バーデンビュルテンベルク州気候変動教育の背景

　バーデンビュルテンベルク州（以下、BW州）では、2007年に持続可能性
戦略が出され、エネルギーと気候、資源（効率）、ESD、持続可能な統合
（Integration）、持続可能なモビリティが2018年までの重点施策として位置づ
けられた。持続可能性戦略の残りの立法期間である2018年～ 2020年までは、
気候とエネルギー、持続可能な消費、ESDが主要な 3 つのトピックとして特
定され、さらに利害関係者との対話等のトピックも追加された。ESDのテー
マとして、資源の消費と消費者行動、気候変動と生物多様性の保全、貧困の

原因と健康リスク、参加の機会と世界的な正義等が扱われ、フォーマル、インフォーマル、ノンフォーマル教育において、全国的に定着させる必要があると言われている。

　また、気候保護政策においては、2013年に気候保護法が施行され、2020年までにCO_2を少なくとも25%削減し、2050年までに90%削減する（1990年比）ことが明記された。同法は、州全体における適応戦略の策定も要求している。気候保護法で明記された気候保護目標を達成する為に、州政府は統合エネルギー・気候保護計画（IEKK）を開発した。そこには具体的戦略と対策が含まれており、教育は様々な分野で温室効果ガスを減らす対策の一つとして位置づけられている。

　このような中、州の環境・気候・エネルギー管理省は、2010年に気候変動に関する市民向けパンフレットを作成した。その後、学校においても有用な教材開発の必要性を認識し、文部省との共同プロジェクトとして、「BW州における気候変動教育」という9単元の教師用教材の開発を命じ、カールスルーエ教員養成校の地理学部長ホフマン・トーマス氏がそれを担った。

2　BW州での気候変動教育の実施体制

　BW州における気候変動教育は、ESDの文脈で文部省が主体となったもの、州の環境・気候・エネルギー管理省との共同事業によるものがある。文部省では、2007年に出された持続可能性戦略の下、持続可能性について学ぶ（NachhaltigkeitsLernen）イニシアティブが行われており、幼稚園、初等・中等教育、大学、教員向けに様々な教材、プロジェクト、ネットワーク等が紹介されている。幼稚園児とその親向けには、樹木が気候変動の緩和にどのように役立つのかを考えさせる塗り絵の絵本、小学生向けには、エネルギー探偵が4年生の学級を訪問し、ジュニアエネルギー探偵になる訓練をする授業、9－12年生では、教材「BW州における気候変動」の提供の他、学校外で参加できる様々なプロジェクトの紹介が行われている。また、教員向けには持続可能性について8つのモジュールで学ぶ研修の提供の他、ESD学校ネ

ットワークや大学ネットワーク等が紹介されている。

　さらに、2016年から新学習指導要領が導入され、「気候変動」が7－8年生、11－12年生の地理の単元の一つになった。他にも自然と技術、地質学、倫理、公民、ロシア語等の教科に「気候変動」という用語や気候変動に関する記載がなされたため、学校教育においても気候変動について学ぶ機会が増えている。

　学校外教育では、州が運営するBNE-Kompass（ESDコンパス）ポータルサイトによって、ESDやグローバルな学習機会について、メディア、Eラーニング、プロジェクト、テーマ、学べる場所、スピーカー等の調べたい情報を基に検索でき、目的に応じた学習が受けられるようになっている。その他、2019年に私設財団がBW州ジンハイムに建設した大型気候変動教育施設KLIMA ARENA（気候アリーナ）では、州の学校教育ネットワークの会議を開催する等、州政府も運営に協力している。

3　BW州での気候変動教育の事例と特徴

（1）BW州における気候変動教育教材（原題：Klimawandel in Baden-Württemberg）

　本教材は、2014年に開発された教師用教材で、9－12年生の生徒が対象である。教材の開発者は、ESD専門家で教員養成校地理学部長のホフマン・トーマス氏である。本教材の目的は、生徒が気候変動を自分自身の問題として捉え、持続可能性の原則に基づいて問題を的確に判断するスキルを身につけることで、地域における問題解決型アプローチが用いられている。また、生徒たちがシステム思考、予測、規範的、戦略的、対人関係の5つのコンピテンシーを段階的に身につけることを目指している。

　教材では、各単元における①テーマ、②教育手法、③生徒への課題、④単元で使用する教材、⑤ESDのコンピテンシー、⑥進度が違う生徒に対する対応の6点がまとめられている。さらに、世界と地域（BW州）の多様な気候変動に関する情報が含まれている（高橋ら、2016）。2022年に公開予定の改

訂版では、①BW州における気候変動の性質、②BW州によるCO₂排出量の削減、③州の適応戦略、④BW州における都市の気候変動対策、⑤気候に中立な働き方や生活方法、の全5トピックに焦点が当てられている。教材では、全トピックに関する基礎的な情報とワークシートの提供の他、具体的な教授法の提案がなさ

図10-4　教材を使用した授業の様子（提供：ホフマン・トーマス）

れる予定である。また、デジタル教材として提供され、州全体でEラーニングが導入される計画である。

（2）大型気候変動教育施設 KLIMA ARENA（気候アリーナ）

　気候アリーナは、2019年10月にDietmar Hopp財団等の資金提供により開設された、大型気候変動教育施設（全体面積は26,000m²）である。運営団体は、非営利団体 市民のための気候基金である。本施設は、市民が気候変動と再生可能エネルギーについて理解し、気候に対して各々の視点から、何が必要で正しいかを選択することができることを目的としている。コンセプトは、Entdecken（発見）、Erleben（体験）、Mitmachen（参加）の3つで、楽しみながら学ぶことを目指している。

　①気候変動の基礎、②住宅とエネルギー、③モビリティ、④ライフスタイルと消費、⑤生活圏・自然、⑥経済圏・自然（農林業）の6つの主要なテーマと気候との重要な関係を見つけ、解決策を学ぶための様々なアイデアを得られることができる施設である。

図10-5　気候アリーナの様子（提供：ホフマン・トーマス）

　屋内のパビリオンでは、インタラクティブな地球、氷河、未来のモビリティ、気候の壁、等の最新のデジタル技術を駆使した参加型展示、屋外では、種の多様性（様々な生息地）、土壌・果樹、ビオトープの沼地、気候風船、蝶の本、気候農園（エコロジカルガーデニングと野菜栽培のヒント）等の展示によって、気候変動が動植物に及ぼす影響の例と対処方法を学ぶことができる。

　本施設では、外部専門家パートナーによって開発された教育プログラムを使用した、幅広い年齢層向けプログラムが実施されている。また、州はESD学校ネットワークの開催地として本施設を利用する等、施設運営にも協力している。

第4節　オーストリア・シュタイアーマルク州における気候変動教育の取組み

1　シュタイアーマルク州気候変動教育の背景

　シュタイアーマルク州（以下、SM州）では、州の気候政策の最終ゴール（州の温室効果ガス削減、再生可能エネルギーキャリアの拡大、エネルギー効率の改善）を3つ設定し、これらの実現に向けて、2010年に最初の気候保護計画を策定した。本計画は、6部門（建築、交通、土地・森林・廃棄物管理、生産、エネルギー供給、気候スタイル）における26の対策パッケージ、280以上の対策がまとめられている。また、気候スタイル部門の対策群の一つに「M26：気候保護教育と情報発信の強化」が設定され、「私たちの将来のためにそれをやろう！（原題：Ich tu's-für unsere Zukunft-）（以下、Ich tu's）」イニシアティブが2010年に創設された。本イニシアティブは、教育、エネルギーコンサルティング、持続可能な消費等の様々な方法で、人々に気候保護と省エネルギーの動機づけを目指して実施されており、州の気候保護計画の他、適応戦略2050、気候とエネルギー戦略2030、気候とエネルギー戦略2030行動計画とも関連している。また、Ich tu'sイニシアティブで提供さ

れている教育は、国のESD戦略（2008）や持続可能性戦略（2010）、国の気候とエネルギー戦略、エネルギーと気候計画（2019）やパリ協定等にも関連した内容で構成されている。

2018年に策定された「シュタイアーマルク州気候とエネルギー戦略2030」では、8部門（建築と住宅構造、交通、土地・森林管理、廃棄物・資源管理、経済とイノベーション、公共へのロールモデル機能、エネルギー調達と分配、教育とライフスタイル）に重点を置いた対策がまとめられ、教育とライフスタイル部門の「B2. 教育と情報」は、エネルギーと気候保護対策実施の鍵となる対策として位置づけられた。B2の目標は、市民がエネルギーと気候保護について認識を高め、ともに行動することを動機づけるために、全年齢層（特に子どもと若者）に向けた教育機会を強化することである。そして、それを実現するためにIch tu'sイニシアティブの継続が謳われた。

2　SM州での気候変動教育の実施体制

オーストリアでは、1979年より環境教育が教育の原則として定着し、2014年には持続可能な開発のための教育（ESD）基本令が策定された。ESD基本令では、目指すべき3つの主要なコンピテンシー（1. 知識を生み出し、内省し、共有する、2. 態度を発展させる、3. 評価、決定、実施）と、その具体的な要件が記載されている。Ich tu'sイニシアティブで開発された教材は、計画時からESD基本令に記載された全てのコンピテンシーを組込むことが考慮されており、様々な対象者のニーズにこたえるために、2010年からの10年間で13の教育パッケージが開発された。主な対象は、①初等教育機関、②あらゆる種類の学校、③大学、④成人教育機関とコミュニティ教育の文脈で活動しているコミ

**図10-6　移動式参加型展示の様子
（提供：ⓒシュタイアーマルク州）**

ュニティ機関である。

　人形劇を使った５歳以上の園児向けプログラム、グラーツ子ども博物館によって開発された地球の気候を探究できる移動式参加型展示、学校内で気候保護の可能性を見つける授業、架空のコミュニティで気候保護に取組むオンラインシミュレーションゲームの他、幼稚園や学校の教員向け講座や地域コミュニティ向け講座等が実施されており、これらは州のプロジェクトパートナー（州の環境教育センター、気候保護NGO等）の協力の下で開発・実施されている。

　その他、2019年10月にグラーツ市に開園した科学教育センター COSAでの気候変動関連の展示では、クラス単位のワークショップの実施の斡旋や、資金面での協力を州が行っている。

3　SM州での気候変動教育の事例と特徴

（1）SM州気候変動教育教材

　州の教育教材として、子供向け絵本、４学年以上（９歳〜）を対象とした教師用教材、初等教育レベルⅡ〜中等教育レベルⅡを対象とした教師用教材、気候保護に関する日々のアドバイスを提供する大人向けアニメビデオ教材、気候料理本、気候保護についての日々の助言やゲームを含んだ家庭用スケジュール帳等が作成された。教師用教材「知っているからやってみよう（原題："Ich weiß, also tu ich's"）」は、気候変動の緩和策としての再生可能エネルギー利用等、エネルギーに重点を置い

図10-7　気候料理本
（提供：ⓒシュタイアーマルク州）

た内容で、2014年に公開された。「教員への気候変動やエネルギーに関する知識の提供と、子どもたちが気候変動について学ぶことによって、家庭でマルチプリケーター（普及伝達者）になること」が目的である。学習内容は、学校で学んだことを家庭に持ち帰れるように、家庭のエネルギー日記の作成や、電力消費量を調べる等、日常生活を振り返り、家庭で実践できる身近なものである。また、参加型学習手法の他、学習成果の発表に劇や児童による授業実施等の方法を用いる等、当事者意識を高める工夫がなされている（高橋ら、2017）。

　その後に開発された教材「授業マップ Klimahaa!」では、授業における気候のトピックの位置付けと重要性の紹介のほか、気候と気候変動に関する科学的基礎、気候変動の影響、個人の気候保護対策、気候変動への適応の4つの領域を扱っている。また、各単元は、①試す（簡単な実験を含む）、②練習（ワークシートや工作、絵を描く等の専門的内容の課題）、③ゲーム（内容について、より深くゲームを通して学ぶ、④ディスカッション（議論の機会またはテーマに関するインタビュー）、⑤測定（気候保護に関連するさまざまな測定）、⑥情報、のいずれかで構成されている。両教材は、個別の授業素材の他、時系列または年間のパッケージが提供されている。さらに、授業の実施に必要な知識も基本情報として解説されている。

（2）科学教育センター COSA

　科学教育センター COSAは、2019年10月にSM州都グラーツ市に建設され、グラーツ子ども博物館、ユニバーサル博物館ヨアネウムが共同で展示コンセプトを開発し、運営している。若者をテクノロジーや自然科学で感動させること、日常生活に結びつけて参加を促すこと、教育や職業選択のサポートが目的である。コンセプトは、エデュテイメントで、双方向で面白い知識の伝達を行うために、ストーリーテリングやゲーミフィケーション等の方法が用いられている。13のテーマ領域のうち、気候変動に関する展示は、ARアドベンチャー、技術、エネルギー、DIYの4つである。ARとゲーミフィケー

ション、DIYでの工作、車の部品の改良と仮想トラックの試走等、来館者同士で体験し、楽しみながら気候変動の原因や影響を学び、日々の行動を振り返り、考えることができる展示である。SM州では、本施設の事業が州の気候保護戦略における重点対策である「全年齢層への気候変動教育」に合致することから、資金面での支援の他、クラス単位でのワークショップの斡旋等の支援を行っている。

第 5 節　日本における気候変動教育の展開可能性

　気候変動は、世界規模の大きな問題であるが、学習者が地球レベル・国レベルの問題を学ぶだけではなく、身近な地域に起こっている影響や対策を学び、理解し、解決策を一緒に考えることによって、「手に負えない難しい問題」から、「解決の糸口が見つかる問題」に変わっていくと筆者は考えている。地域レベルでの学びを円滑に進めるためには、自治体主動で教材やプログラムの開発・実施を行う道筋をつくることが非常に重要である。そのためには、ドイツやオーストリアの事例のように、州の気候変動対策の一つとして「教育」を位置付けることが必要である。また、幼児の頃から気候変動について学べる教育機会の提供や、科学教育センターのような学校外の教育施設との連携によって、様々な年齢層の人たちが参加でき、気候アクションが楽しく感じられるような仕掛けづくりも、自己効力感・集団的効力感を育む上では大切である。

　日本においても、今後県レベルでの影響や対策等を盛り込んだ気候変動教育プログラムや教材の開発、実施が望まれる。その際、知識の提供を中心とした教育ではなく、行動するために必要な力（コンピテンシー）の育成を目指すことによって、気候アクションにつながる効果的な教育が実施でき、気候変動問題の解決につながる対策として、教育が機能できるであろう。

引用文献

高橋敬子・肱岡靖明・高橋潔・花崎直太「地域のリーダー育成のための気候変動
　　教育とは：日本・ドイツの気候変動の教育事例の比較分析に基づいて」（『環境
　　教育』、第63号、2016年）29 〜 42ページ

高橋敬子・肱岡靖明・高橋潔・花崎直太「オーストリア・シュタイアーマルク州
　　における気候変動教育の取組：日本の気候変動教育プログラムとの比較に基づ
　　いて」（『環境教育』、第67号、2017年）74 〜 81ページ

高橋敬子・ホフマン トーマス「システム思考コンピテンシーをどのようにして強
　　化するのか？：日本の気候変動教育における学習手法「ミステリー」の可能性」
　　（『環境教育』、第74号、2019年）14 〜 23ページ

水上聡子・高橋敬子「福井県版「気候変動ミステリー」を用いた教育プログラム
　　の可能性：シティズンシップ教育における内発的動機づけとコンピテンシーの
　　視点から」（『環境教育』、第79号、2021年）23 〜 32ページ

Eckstein, D., Künzel, V., Schäfer, L. and Winges M, 2019, GLOBAL CLIMATE
　　RISK INDEX 2020 Who Suffers Most from Extreme Weather Events? Weath-
　　er-Related Loss Events in 2018 and 1999 to 2018, 42pp.

IPCC, 2018: Summary for Policymakers. In: Global Warming of 1.5° C. An IPCC
　　Special Report on the impacts of global warming of 1.5° C above pre-industri-
　　al levels and related global greenhouse gas emission pathways, in the context
　　of strengthening the global response to the threat of climate change, sustain-
　　able development, and efforts to eradicate poverty［Masson-Delmotte, V., Zhai,
　　P., Pörtner, H.-O., Roberts, D., Skea, J., Shukla, P.R., Pirani, A., Moufouma-Okia,
　　W., Péan, C., Pidcock,R., Connors, S., Matthews, J.B.R., Chen, Y., Zhou, X., Gomis,
　　M.I., Lonnoy, E., Maycock, T., Tignor, M. and Waterfield T.（eds.）］.

Leat, D., 2001,*Thinking through Geography*, Optimus Education, London,184.

Mochizuki, Y. and Bryan, A., 2015, Climate Change Education in the Context of
　　Education for Sustainable Development: Rationale and Principles, Journal of
　　Education for Sustainable Development, March 2015, 9（1）, 4-26.

第11章　エネルギー教育とESD
—共鳴と相克—

萩原　豪

第1節　はじめに

　現代社会は石油文明とも言われるように、天然資源・エネルギー資源を潤沢に使っている上に成り立っていると言える。日常生活を見てみると、朝起きて夜寝るまで、または寝ている間であっても、直接的あるいは間接的にエネルギーを利用している。

　しかし、このように私たちが潤沢に利用しているエネルギーがどこから来ているのか、どこでどのように電気に変換されるのか、ということについてはあまり気に留めないでいる。電力について見れば、多くの人が「発電所」という施設の存在を知っており、そこで電気が「何かしらの方法」で作られているということは知っている。しかし、「発電所」がどこにあって、どのような資源を使って、どのような方法で電気エネルギーに変換され、どのような経路を経て、自分の手元まで電気が来ているか、ということについて日常的に気に留めている人は少ないと言えよう。

　日本におけるエネルギー問題を考える上で、日本に原子力発電所（以下、原発）があることは周知のことであったが、一部の人を除いてあまり深く考えることはなかったと言える。しかし、2011年3月11日に発生した東日本大震災・福島第一原子力発電所事故（以下、原発事故）で、エネルギー教育を取り巻く状況は一変した。今後、私たちが「持続可能な社会」の構築を目指すのであれば、天然資源・エネルギー資源に関わる諸問題（以下、エネルギー問題）は私たちの生活の根幹を支えるものとして、一人一人が当事者とし

て知らなければならないことである。

　本章で扱うエネルギー教育、あるいはエネルギー環境教育は広範な内容を
含むものである。一般的にエネルギー問題には、天然資源の開発・供給から
エネルギー資源の提供、エネルギー資源の利用に伴う廃棄物（特に二酸化炭
素、以下、CO_2）などの問題群が存在している。気候変動とESDの関連につ
いては、別の章に譲ることにして、本章では特に東日本大震災前後のエネル
ギー教育の変化と、今後の展望と課題について概観していきたい。なお、本
章ではエネルギー教育とエネルギー環境教育は同一のものと見なし、表記を
「エネルギー教育」に統一している。

第2節　東日本大震災を境としたエネルギー教育の変化

　日本においてエネルギー教育を考える場合、資源小国である日本にとって
エネルギー問題が国家存続のための基盤的かつ最重要の問題である、という
認識から出発しなければならない。そして、その上で避けては通ることがで
きないのが原発の存在である。原子力は基幹エネルギーとしてだけではなく、
第二次石油危機以降は「石油代替エネルギー」として、地球温暖化問題が重
視されるようになった1990年代には「CO_2を排出しないクリーンエネルギー」
として、時代によって立ち位置を変えながら推進されていった。

　この時期のエネルギー教育は、特に原子力の社会的受容（Public
Acceptance: PA）が目的であり、原子力のリスクよりもベネフィットにつ
いて多く教授してきているものであった（萩原、2009）。また教育現場では、
原子力問題が含まれることを理由として、エネルギー問題を扱うことを忌避
してきた傾向が見られる（大森、1993）。しかし、原発に対する政治的・社
会的な反対運動も存在していることもあり、環境教育などの現場ではエネル
ギー教育（あるいはエネルギー問題に触れること）を回避してきた傾向があ
る。

　また、エネルギー教育のテーマとして原子力PA以外に取り上げられてき

たものにCO_2排出量削減がある。CO_2排出量削減であれば学校現場であっても、非常にセンシティブな話題である原発には触れず、地球規模の環境問題である地球温暖化（気候変動）の問題として扱うことができるので、エネルギー教育として取り組みやすかったということができる。

　しかし、東日本大震災・福島第一原発事故の後、日本においてもエネルギー教育の重要性が謳われるようになった。2011年は日本におけるエネルギー教育の転換点と言っても過言ではない。日本におけるESDの推進は、当初、環境教育や開発教育、国際理解教育の関係者によって進められており、ESDの検討内容もこれらの教育領域を中心としたものが多く見受けられていた。しかし東日本大震災の後、文部科学省ではESDを構成する教育領域の柱に、エネルギー教育と防災教育を掲げるにようになった。震災・原発事故以降の新しいESDの展開において、エネルギー教育は重要な位置づけを担っているということができる。

第3節　社会情勢とエネルギーに対する意識と知識

　日本においてエネルギー問題がクローズアップされるのは、（A）原油価格が高騰したとき、（B）原発および関連施設で事故が起きたとき、（C）何かしらの理由で大規模な停電が起きたとき、の3種類に分類することができる。また、東日本大震災のように（B）と（C）が同時発生する（D）というタイプを含めた4種類の発生事例と、そこに見られるエネルギー問題に対する社会の反応を見ていきたい。

（A）原油価格高騰

　1973年の石油危機では、日本がエネルギー資源を海外からの輸入に頼っている〈資源小国〉であることを改めて再確認することになった。トイレットペーパーなどの買い占め行動も発生したが、ガソリンスタンドの日曜休業やネオンサインの消灯、深夜放送の休止など、産官民が一体となって省エネル

ギーのための行動をとっていた。

　その後、1979年の第二次石油危機、1990年の湾岸危機など、不安定な中東情勢（湾岸戦争やイラク戦争など）に伴う原油供給不安による価格高騰、またリーマンショック以降の大幅な価格下落など、原油の安定供給や国際的な原油価格をめぐる国際情勢が、日本経済に大きな影響を与えており、その都度エネルギー問題の重要性が取り沙汰されている。

　しかし、2021年3月現在、新型コロナウイルス感染症や東京オリンピック・パラリンピック開催の方が注目の的となっており、ガソリンや電気料金が値上がりしたという報道があっても、エネルギー問題が大きな社会問題として扱われている状況にはない。

（B）原発・関連施設での事故

　1979年のアメリカ・スリーマイル島原発事故、1986年のソビエト連邦（当時）・チェルノブイリ原発事故などが代表的なものとして挙げられる。国内では1974年の原子力船「むつ」の放射線漏れ事故、1991年の関西電力美浜原発2号機事故、1995年の動力炉・核燃料開発事業団（動燃）高速増殖炉もんじゅナトリウム漏洩事故などが発生し、そのたびに原子力の安全性については社会で広く議論され、その時々の政治問題となっていた。特に1997年に発生した動燃東海再処理施設アスファルト固化施設火災事故と、1999年に発生した東海村JCO核燃料加工施設臨界事故を契機として、原発だけではなく、原子力研究関連施設の安全性についても注目されるようになった。

　また、2007年に発生した新潟県中越沖地震では、東京電力柏崎刈羽原発構内で火災事故が発生し、大地震が起きた際の原発の安全性について社会的に広く議論がなされた。

　しかしながら、いずれの事故についてもマスメディアが報じた内容は専門用語が多く、国民の多くがその内容について理解をしていたかどうかは疑問が残るところである。

（C）大規模停電

何かしらの理由で大規模な停電が起こった例として、最近の地震と台風の例を挙げたい。

地震による停電として、2018 年 9 月 6 日に発生した北海道胆振東部地震がある。この地震では北海道全域での停電が発生し、大きな社会問題となった。地震発生直後、地震による機材損傷を受けたため、苫東厚真火力発電所（2 号機と 4 号機）が発電停止に陥ってしまった。また送電線で事故が発生したため、水力発電所が停止しており、その他の発電所も周波数の維持ができないことから緊急停止してしまい、日本で初めてのブラックアウトが発生するに至った。このブラックアウトは発生から 2 日後までに約 99％を復旧させることに成功したが、短期間ではあったが、初めてのブラックアウトという事象は、改めて電力の重要性を社会に喚起させたと言える。

また、2018 年 9 月 4 日に四国・近畿・北陸地方を縦走した台風 21 号は、25 年ぶりに非常に強い勢力で日本列島に上陸し、強風による電柱の倒壊や電線の切断などにより、関西電力、中部電力、北陸電力管内で大規模停電（最大で約 240 万戸）が発生した。また、2019 年 9 月 9 日に千葉県を直撃し台風 15 号（令和元年房総半島台風）は、関東地方に上陸した台風としては観測史上最強クラスの台風であり、千葉県内に甚大な被害をもたらした。県内で約 2,000 本の電柱が倒壊しただけはなく、君津市にある送電線の鉄塔 2 本が倒壊するなどの被害により、大規模な停電（最大で約 93 万 5,000 戸）が発生した。

いずれの大規模停電もマスメディアで大きく報じられ、日常的に利用している電力の重要性が再認識されたと言える。しかし、これによって日本のエネルギー問題に対する理解や知識が深まったかどうかは言い難い。特に北海道胆振東部地震のブラックアウトについては、電力の需要と供給のバランスが崩れたことによって周波数の乱れが発生して起こったが、この仕組みについては多くの人が理解をしていなかったと考えられる。

(D)　B・C混合型

　東日本大震災は、東北地方太平洋沖地震による建物倒壊や津波被害などの地震災害と、それに伴う東京電力福島第一原発事故を含めた大規模災害である。地震発生後、地震による発電所の緊急停止以外に、地震や津波により発電所だけではなく、変電所や送電設備が被災したことなども重なり、東北・関東の広い範囲で停電が発生し、東北電力管内で最大で約440万戸、東京電力管内では最大で約405万戸が被害を受けた。

　電気の需要と供給のバランスが崩れた場合、電気の周波数が乱れてしまうため、安全装置により発電所が緊急停止することがあり、これによって大規模停電が発生する可能性がある。これを回避するため、政府や東北電力・東京電力は需要（消費量）の抑制を呼びかけていた。まだ寒い時期であるため暖房などでの電力需要などもあることから、東京電力では3月14日から28日までの2週間、東京電力管内での計画停電を実施するに至った。

　電力不足が報じられるとともに、TwitterやFacebookなどのSNSを通じて節電を呼びかける動きが広がり、節電啓発ポスターがSNS経由で拡散されていった。各所で著作権フリーのポスターが制作され、インターネット上に節電ポスターのアーカイブが作られるに至った。これらの行為はすべて被災地を思う善意によって自然発生したものである。

　この散発的に発生した節電運動のひとつとして「ヤシマ作戦」がある（図11-1）。これは各地で節電をすることにより、余った電力を東北地方に送ろうとした市民運動として位置づけることができる。しかし、この運動で目指している「節電して被災地に電力を送る」ということができるかどうかについては、非常に疑問を抱かざるを得ない。東日本の50Hz管内であればそれも可能なことであるかもしれないが、西日本の60Hz管内から50Hz管内に送電するためには、周波数を変換するための変電設備を通らなければならない。変電設備は3ヶ所あるが、合計容量は100万kWとなり、震災後、すでに西日本から東日本に対して電力供給が許容量上限で行われていたため、西日本

図11-1　TwitterなどのSNSでシェアされていた節電を呼びかけるポスターの一例（製作者不明）

で節電したとしても被災地には送電することはできない状態にあった。このような状況はエネルギーに関する基礎知識があれば分かることではあるのだが、マスメディアによる報道がされたにも関わらず、被災地に電力を送るための節電運動は続けられていた。

　次に福島第一原発事故に伴う市民の反応について見ていきたい。また、これまで政府や電力事業者などが行ってきた原子力PAでは、原発は「五重の壁」によって堅く守られており、放射性物質が外部に漏れ出すことはないとしていた。同様に、原発では幾重にも緊急時の冷却システムを設けているので、スリーマイル島原発やチェルノブイリ原発のような事故は絶対に起きない、と宣伝していた。政府・電力事業者が安全性ばかりを訴えていたため、万が一にも事故が起きた際にどのようにすれば良いか、ということについてはあまり伝えられていなかった。そのため実際に原発が爆発した際、大気中に拡

散された放射性物質がどのようなものであるか、ということは多くの人が知らなかったと言える。

　例えば、福島第一原発の3号機には、使用済み核燃料の再処理によって抽出されたプルトニウムとウランを混ぜて製造されたMOX燃料（混合酸化物燃料）が装填されていた。爆発事故に伴い、大気中に自然界には存在しないプルトニウムが飛散することになったが、MOX燃料や再処理事業を核燃料サイクルについて、一部の人を除いて、多くの人は爆発事故が起きてマスメディアに報じられるまで知らなかった。

　また、多くの人が「シーベルト」や「ベクレル」など放射性物質に関する単位を初めて聞いたとも言えるだろう。しかし、SNSなどで放射性物質に関する情報が拡散されると、多くの人がさらに拡散していく、という状況が出てきた。ここでは流言飛語を含めて、伝達されている内容の真偽や科学的根拠について確認することなくSNSで拡散されていった。震災・原発事故から10年経過しているが、これらをどれくらいの人が正確に理解できるかどうかということも問題として挙げられる。

第4節　エネルギー教育の展開に対する私案

　多くの市民にとって、東日本大震災以前は、環境教育の中で資源・エネルギー問題を扱うことの重要性は各方面で理解されていたが、環境教育の範疇ではなく独立して「エネルギー教育」あるいは「エネルギー環境教育」が進められていたと言える。

　日本におけるエネルギー教育の重要な視点は、（1）従来型エネルギーを含む天然資源については資源小国であることを理解すること、（2）天然資源・エネルギー資源は日常生活の土台であり、これらがなければ日常生活を維持することができないこと、（3）天然資源・エネルギー資源について科学的に正しい知識を入れること、という3点が必要であった。日本では特に（3）の科学的に正しい知識について原子力に関する見解・意見の相違が多くある

ため、エネルギー教育全体が忌避されてきた。

　原子力に対する社会的な反発があるにしても、これまで原子力による電力の恩恵を受けてきている以上、そこで出された低レベル・高レベル放射性廃棄物の最終処分、廃炉の問題について、将来世代のためにも現世代が考えなければいけないことである。

　これまでに述べてきたような背景を踏まえ、萩原（2013）は、「エネルギー教育」を「エネルギーを生産する天然資源全般について、それぞれの持つ特性（リスクとベネフィットの両面）を、環境問題・経済問題・社会問題の絡みの中で、生態系・社会・文化・経済・健康的な持続性と社会的公正（世代内・世代間・人間と自然）の関係性を視野に入れながら、科学的事実とリスクコミュニケーションの観点から明らかにした、持続可能な社会を目指すための基礎教育のひとつ」として定義し直している。

1　従来型エネルギーに関わる内容

　これまでのエネルギー教育が原子力に関することが多く、石油・石炭・天然ガスなどの従来型エネルギーについての教育活動は、あまり積極的に行われてこなかったと言える。これらに関わるエネルギー教育は、主に事業者が行っているものが中心となっている。例えば、天然ガスについては、東京ガスのGAS MUSEUM（東京都小平市）やガスの科学館「がすてなーに」（東京都江東区）、大阪ガスのガス科学館（大阪府高石市）などの企業館がエネルギー教育の場所として活用されている。

　石炭については、大規模な炭鉱があった場所にある記念館なども石炭のエネルギー教育の場所として挙げることができる。例えば、大牟田市石炭産業科学館（福岡県）やいわき市石炭・化石館「ほるる」（福島県）は、その地にあった炭鉱の採掘の歴史と石炭について学ぶ場所として活用されている。石油については、石油備蓄基地を有しているENEOS喜入基地（鹿児島県鹿児島市）では見学者の受入を行っている。今後、このような見学可能の施設をより有効活用することが期待される。

　また今後は、従来型エネルギーを利用することによる廃棄物の問題についても紹介していく必要があるだろう。例えば、石炭火力発電所からはCO_2やSOx/NOxだけではなくフライアッシュやボトムアッシュなどの廃棄物が生じていることなどについても、エネルギー教育の中に積極的に含んでいくことが望ましい。

2　原子力・放射線・放射性廃棄物・廃炉に関わる教育

　東日本大震災ではSNSを中心に、文字だけではなく画像や映像まで、さまざまな情報が世界を駆け巡った。特に福島第一原発事故が発生してからは、大気中に放出された放射性物質について、流言飛語を含めて、その真偽や科学的根拠について確認することなく拡散されていた。そのような背景から、「放射線教育」の重要性ということもこれまで以上に指摘されるようになった。

　原発事故直後、福島県から避難してきている子どもや住民たちに対する放射能汚染を理由とした「いじめ」や差別が行われている状況が各地で発生した。この状況に対し、日本環境教育学会では2011年5月20日に会長緊急声明を出し、「原発事故のはなし」授業案作成グループが中心となり、同年7月に『原発事故のはなし：小・中・高校での授業指導案』を発表した。これは後に7カ国語に翻訳され、学会ウェブサイトで公開されている。また事故から1年後の2012年3月には、原発事故を忘れないという基本軸の下で『原発事故のはなし2：小・中・高校での授業指導案』を発表、2年後の2013年2月には、シミュレーション教材として「原発事故のはなし3：海辺村の未来は？」を開発し、授業指導案を発表した。これらについては教育現場から一定の評価を得ている。

　放射線については、福島第一原発事故の後、文部科学省が2011年10月に小中高校生を対象とした放射線等に関する副読本を発行した。2014年に「放射線副読本」として改訂版を発行し、原発事故についても触れている。2018年には原発事故から7年経過したこともあり、その後の状況と復興の進捗についても触れた改訂版を再度発行している。

　この他、東京電力では福島第二原発のPR施設であったエネルギー館（福島県富岡町）を閉館し、この建物と既存の展示資料を利用した東京電力廃炉資料館を2018年11月に開館した。この施設では福島第一原発事故の記録を展示し、廃炉の状況についても詳細に説明をしている。しかし、これらの情報は現地に行かなければ得られない。

　東日本大震災以前のエネルギー教育の多くが原子力PAに近いものであったことは、これまで触れた通りである。しかし、福島第一原発事故の後、特に電力事業者はエネルギー教育に対して、これまでのような教育支援活動は展開できない状態である。その中でも近年、積極的にエネルギー教育の支援事業を展開しているのは高レベル放射性廃棄物の地層処分に関わる活動を進めている原子力発電環境整備機構（NUMO）である。

　NUMOでは高レベル放射性廃棄物の地層処分について、学校教育の現場におけるエネルギー教育の事例として取り扱ってもらえるよう資料提供や講演・ワークショップの実施協力などを行っている。しかし、高レベル放射性廃棄物（ガラス固体）が核燃料サイクル事業により生じた廃棄物であること、これらが、イギリス・フランスに委託して行われていることはあまり知られていない。この高レベル放射性廃棄物には現在青森県六ヶ所村で中間貯蔵されているもののほか、今後イギリスやフランスから返還されるものがあることを忘れてはいけない。また、使用済み核燃料の中間貯蔵問題、そしてすでに六ヶ所村に埋設がされ始めている低レベル放射性廃棄物などもある。これら廃炉や放射性廃棄物に対して国民の理解が進んでいるとは言い難く、今後のエネルギー教育の課題である。

3　再生可能エネルギーに関する内容

　2018年4月に閣議決定された第5次環境基本計画で提唱されている〈地域循環共生圏〉では、地域におけるエネルギーの地産地消と自律分散型社会の形成について言及されている。東日本大震災後、原発に対する忌避感から再生可能エネルギーに注目が集まった。2012年に始まった固定価格買取制度

（FIT）の追い風もあり、再生可能エネルギー、特に太陽光発電と風力発電の導入が震災の被災地を含め、全国各地で進んだ。

　しかしながら、再生可能エネルギーのメリットばかりが強調され、デメリットの部分（例えば耐用年数や廃棄方法、光害や低周波問題など）については、あまり触れられていない。また設備があっても、それが何のためのものか、そこで電力がどのように生産され、どのように使われているのか、ということの解説がない場合が多い。解説のための施設を設置することや、設備に解説の案内板などをつけることも必要であると考えられる。

第5節　共鳴と相克：「電源地」と「消費地」という視点の交錯

　福島第一原発の事故でクローズアップされたもののひとつが、「電源地」と「消費地」の関係性である。ここで言う「電源地」とは、大規模集中型のエネルギーシステムによる原発や火力発電所などの立地地域を指し、「消費地」とはその立地地域で生産された電力が送られる需要地域、特に大都市圏を指すものである。これまでに行われてきていたエネルギー教育は、主として供給サイドによって行われてきたものである。そして、そこに含まれている消費者の視点は、ほとんどが大都市圏で暮らしている消費者のものであると言える。国が進めている〈地域循環共生圏〉では、分散型発電などによるエネルギーの地産地消を目指しているが、残念ながら一部の地域や場所を除き、「消費地」で使われるエネルギー、特に電力についてはその大半が「電源地」から送られてきているのが現状である。

　福島第一原発事故の後、なぜ東北電力の管内である福島県や新潟県、青森県に東京電力の原発が立地されていて、首都圏に電気を送らなければならないのか、ということが話題になった。しかし、原発事故以前に、このことについて大きく注目されることはなかった。この「電源地」と「消費地」の問題は、厳密に言えば、原発の立地に限ったことではなく、水力・火力発電所についても同じことが言える。

　この「電源地」と「消費地」の関係性については、原子炉内の燃料が重大な損傷（炉心損傷・溶解など）を受けて設計基準の想定を超えた重大な事故（シビアアクシデント）が発生した場合の危機管理という側面からも考えることが可能である。かつて2007年7月16日に発生した新潟県中越沖地震で、柏崎刈羽原発3号機の変圧器から出火し、原発の安全管理体制が問われたときにも、同じようになぜ新潟県に東京電力の発電所があるのか、と注目されたことがあったものの、一過性のニュースとして終わってしまった。

　このような状況に対して、電力事業者および関係諸団体は、「消費地」の住民に対して「電源地」の存在を売り込むことにより、「消費地」が感じている不公平感を緩和しようとしていた。例えば、財団法人電源地域振興センターが開催していた「電気のふるさとじまん市」がある。これは首都圏を含めた「消費地」の人たちに対して、「電源地」について知ってもらうことを目的とした催事であり、全国の電気を生産している200を超える市町村が一堂に介した日本最大の観光物産展示会であった。1990年から2005年まで16年間、毎年秋に幕張メッセで行われ、交流人口の拡大を目指したものであった。また、財団法人社会経済生産性本部に置いていた首都圏エネルギー懇談会が、かつて首都圏におけるエネルギー理解活動の一環として、首都圏の学校に在籍する中高生・大学生を対象とした発電所見学会を行っていた。しかし、これらの事業も今は行われていない。

　原発事故の最前線基地として利用されていたJビレッジは、アジア初のサッカーのナショナルトレーニングセンター、日本代表のホームグラウンド、そして2002年日韓ワールドカップの際にはアルゼンチン代表のキャンプ地として有名になったところである。しかし、ここが原発立地地域に対する地域振興策の一環として東京電力が建設し福島県に寄付したものであること、そして東京電力が寄付をした背景に、福島県内に建設した原発だけではなく、隣接する広野町に建設された広野石炭火力発電所の存在があることは「消費地」にはあまり知られていない。

　他方、群馬県の郷土かるたである「上毛かるた」には「り　理想の電化に

電源群馬」という札がある。絵札に描かれている下久保ダムは、群馬県と埼玉県の県境への建設されており、首都圏への送電される電力生産の「電源地」である群馬県が「消費地」を支えている、という意味にも捉えられる（図11-2）。すでに電力生産の主流は水力から火力・原子力へと移ってはいるが、「消費地」で生活

図11-2　上毛かるた（筆者撮影2021年4月9日）

をしている人たちは、自分たちが毎日利用している電力がどこで生産されているか、ということについてはあまり知らないと思われる。近年、多く発生している想定を超えた大雨発生時の水力発電所（ダム）決壊あるいは緊急放流などの危険性なども考えると、これは原発に限ったことではない。この場合、「消費地」の住民は「電源地」から電力という恩恵ばかりを受け、シビアアクシデントなどの事故発生時に重大なリスクを被るのは「電源地」の住民であり、「消費地」の住民はそれに比較して被害が少ない。

　残念ながら、現時点ではまだ分散型再生可能エネルギーシステムの成立にはほど遠い状態であり、当面の間、大規模集中型エネルギーシステムに依存した生活が続くことになる。このことを考慮すると、「持続可能な社会」の構築を考える上で、世代内・世代間の公正という視点からも、「消費地」と「電源地」の相互理解が必要になってくると考えられる。また、直接的な「電源地」ではないが、原子燃料サイクル施設がある青森県六ヶ所村や、使用済燃料中間貯蔵施設がある青森県むつ市など、「電源地」と同等に扱わなければならない地域もあることを忘れてはいけない。

　今後進められていくESD for 2030においては、エネルギー教育の新たな位置づけを打ち出していくことが必要になると考えられる。石油・石炭・天然ガス・原子力、あるいは電気といった単独のエネルギーについてのみ言及するのではなく、天然資源・エネルギー資源という視点で包括的に取り上げる

必要があると考えられる。そして、これらを「電源地」と「消費地」の両方の視点から組み立てていく必要があると指摘することができる。

　国民に対するエネルギー教育は必要であるが、事業者のPA活動になってはいけない。日本を取り巻くエネルギー問題の現状と課題について、国民のひとりひとりが当事者意識を持って、多くの視点から考えていくことを促すことの出発点となるのがエネルギー教育であると考え、今後関わっていく人たちによる展開に期待したい。

引用文献

大森太郎『エネルギー教育最前線』（悠々社、1993年）。

萩原豪「エネルギーをめぐる政策と教育」（降旗信一・高橋正弘編著『現代環境教育入門』筑波書房、2009年）153〜158ページ。

萩原豪「台湾におけるエネルギー政策および環境政策の変遷―原子力と環境教育の視点からの考察―」（東京農工大学大学院連合農学研究科博士論文、2013年）（未公刊）

第12章　STS教育とESD
―科学技術政策に市民の声を届けるために―

内田　隆

第1節　はじめに

　持続可能な社会の実現に向けて、温室効果ガス排出量が少ない再生可能エネルギーの電源化、資源を有効利用するためのリサイクルシステム・代替素材の開発など、エネルギー・資源・環境・健康・防災等のいずれの課題解決においても科学技術が果たす役割は大きい。その一方で「夢のエネルギー」と呼ばれた原子力発電は重大事故の危険性を伴ううえに放射性廃棄物の処分方法が定まっていないなど、新たな問題を引き起こす要因ともなる。

　科学技術は、持続可能な社会を構築するうえで、欠かせない手段・妨げる要因の両面があるうえに、社会の在り方や価値観をも変えるので、どの科学技術を推進・規制するかは、将来の社会を左右する重要な選択となる。しかし、科学技術には限界や不確実性があり（地震予知など）、リスクや社会への影響評価などは専門家の間でも意見が異なるため（医薬品の副作用など）、政治家や専門家による「トップダウン的な統治」から、民間企業・NPO・NGO・ボランティア・個人が問題の解決を担う「科学技術の公共的ガバナンス（協治）」へと転換が進んでいる（平川、2010）。まず、この科学技術政策の形成過程への市民参画が、市民側からの一方的な願いや要望ではなく、国の政策として位置付けられていることを確認する。

第2節　科学技術基本計画に示される国民の位置付けと変遷

　科学技術基本計画は、科学技術に関する施策の総合的・計画的な推進を図るために、10年程度先を見通した5年間の科学技術政策を具体化するものと

182

して政府が策定するものである。最初の基本計画である第 1 期科学技術基本計画（1996 年〜 2000 年）には、科学技術の政策形成に国民が関与する余地はなかったが、第 2 期（2001 年〜 2005 年）[1] になると「科学技術と社会の新しい関係の構築が不可欠」であるとして、「科学技術と社会との間の双方向のコミュニケーション」が導入され、「国民全体の問題として議論」「社会的コンセンサスの形成に努める」ために、聴取対象が外部有識者（第 1 期）から国民（第 2 期）に転換・拡大された。第 3 期（2006 年〜 2010 年）[1] にはその施策が強化されて「国民の科学技術への主体的な参加の促進」が項目化され、第 4 期（2011 年〜 2015 年）[1] では、政策・施策・研究開発プロジェクトの「企画立案及び推進に際し、国民の幅広い意見を取り入れるための取組」を推進し、「国民の意見を政策等の見直しに反映」するための方策として「テクノロジーアセスメントの在り方について検討」が加えられ国民の存在感が増した。第 5 期（2016 年〜 2020 年）[1] においても、「多様なステークホルダーが双方向で対話・協働し、それらを政策形成や知識創造へと結び付ける『共創』を推進する」が掲げられ、具体的に「科学技術に係る各種市民参画型会議など対話・協働の場を設ける」と明記されている。すなわち、国民は科学技術政策の企画立案及び推進に参画する「対話」「協働」「共創」の主体、科学技術の公共的ガバナンスの担い手として位置付けられているのである。

　したがって国民は、科学技術の成果や便益を享受するための要望を伝えるだけではなく、「科学技術の可能性と条件、条件が妥当しない場合のリスクやコスト」（第 4 期）への配慮も求められている。国民が政府の決定に盲目的に従う、もしくは一方的に要求・反対するのではなく、政府・民間企業・NGO・NPO・ボランティアなどと協働で問題解決を図る科学技術ガバナンスの主体となるために、教育が果たす役割は大きく、第 5 期では「初等中等教育の段階から、科学技術の限界や不確実性」といった科学についての学習や、「論理的な議論の方法等に対する理解」といった合意形成を図る活動の重要性が示されている。

第3節　日本のSTS教育の現状・課題とESD

　科学技術の社会的課題について、適切な理解のもとで深く考え、自分なり
の意見を持ち、課題解決に向けて行動できる人を育成することを目的とする
教育にSTS（Science, Technology, Society）教育があり、科学技術の公共的
ガバナンスを担う市民を育成するための教育であると言ってもよい。この
STS教育の現状と課題を示すために、研究・実践に関する178の文献等（学
会誌等に収録122編、紀要等に収録56編）の分析結果をまとめて考察し、
ESDへの示唆を得る。

1　STS教育が研究・実践された教科

　STS教育の研究・実践が行われた機会として、社会教育主事認定講習会と
現職教員の民間企業研修の2件があったが、ほとんどが学校教育におけるも
のであった。教科は178の文献のほとんどが理科で、その他は社会科5編、
技術科3編、家庭科3編、保健体育科1編だけであった。つまり、STS教育
が科学技術の社会問題という広範な内容を扱い、意思決定力や問題解決力と
いった態度や能力の育成を主目的とするのに、ほとんどの研究・実践が学校
の理科で行われたものであった。これは、科学技術の原理や仕組みを時間を
かけて解説する点が理科授業と親和性が高いこと、また、例えば食糧増産に
おける遺伝子組換え農作物の利用の是非のような課題を検討する際に、その
仕組みの理解が理科以外の教師には障壁となったこと、そして、課題解決を
図る活動に至る前の学習に時間をとられてしまうことなどが、学校の理科以
外の多様な学習機会に拡がりにくかった一因であると考えられる。

2　STS教育が取り組まれた時期

　収集した178の文献等が発表された数を年度毎にまとめたものが以下の**図
12-1**であり、90年代に多くのSTS教育の研究・実践が報告されていることが

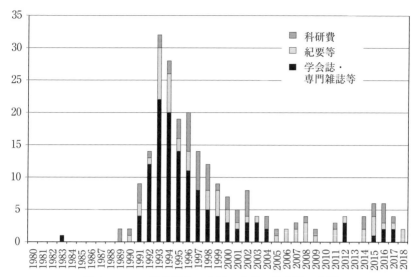

図12-1　STS教育研究・実践の文献の発表数の変遷

わかる。この時期は『環境教育指導資料』の発行（1991年）、環境と開発に
関する国際連合会議（リオ・サミット）の開催（1992年）等、環境教育をと
りまく社会的な環境が大きく変化し、科学技術社会を構成する市民の力への
期待が高まっていた時期で、科学者・技術者を養成するための「科学や技術
を教える教育」が主であった従来の科学教育が批判的に検討され「科学や技
術に関する教育」の必要性が高まっていた時期と重なる。

　現在は、STS教育を表題に含む研究・実践の報告は減少した。それは、科
学技術と日常生活や社会との関わりを扱う内容が多くの教科に取り入れられ、
これらが学習の動機付けや、学校知と生活知をつなげる役割を果たすなど一
定の成果が得られたためである。しかし、科学技術の社会的課題の解決に向
けて意思決定し、協働で対策を検討しながら合意形成を図るような、問題解
決力を育成する教育活動は、現在は低調である。

3　ESDにおけるSTS教育の視点の重要性の再認識

　環境教育は環境を保全する、人権教育は人権を守るなど、その目的は自明

であるが、STS教育は目的がわかりにくいこともありSTS教育を耳にする機会は減った。しかし、ESDにおいて環境・資源・エネルギー・生物多様性・気候変動・防災・福祉等の課題を検討するにあたっても、科学技術が重要なカギの1つとなることから、改めてSTS教育における科学技術の公共的ガバナンスの視点の重要性を指摘したい。それは、①科学技術には限界や不確実性があり、リスクやコストや社会的影響を考える必要があるが、専門家間で評価が異なること。②新しい科学技術が社会の在り方や価値観等を大きく変えることがあるため、将来の社会を創造してどの科学技術を推進・規制するかを決めるのは、科学技術の専門家ではなく市民であることである。

　ESDの推進において科学技術の理解が障壁となって普及・拡大が妨げられることがないように、また、課題解決を安易に科学技術の発展に委ね未来に課題を先送りすることがないように、上記の2つの視点からも見直すことが必要である。

第4節　科学技術ガバナンスの視点を養うための市民参加型 テクノロジーアセスメントの手法の活用

　科学技術ガバナンスの視点を養うための具体策として、科学技術政策への市民参加の場で実際に活用されている市民参加型テクノロジーアセスメントの手法の教育の場で活用を挙げる。テクノロジーアセスメントは、新しい科学技術が将来の社会に及ぼす影響を予測して、技術や社会の在り方を問題提起し、意思決定を支援する制度や活動のことで、環境への影響を事前に評価・検討する環境アセスメントを連想するとわかりやすい。初期のテクノロジーアセスメントは、専門家が科学技術に関する問題を解決できるという前提であったが、次第に先進科学技術の事前の影響評価を専門家だけで行うことへの問題点が指摘されはじめ、技術利用に伴って生じる社会的・倫理的な問題に関する一般市民の意見を拾うための仕組みとして、市民参加型のテクノロジーアセスメントが始まった。現在は新しい型として定着し、非専門家であ

る市民が参画するための様々な手法が開発されている。ここでは、その例として コンセンサス会議とシナリオワークショップを挙げる。

1　コンセンサス会議

コンセンサス会議は、2000年に日本で最初に本格実施された市民参加型テクノロジーアセスメント「遺伝子組換え農作物を考えるコンセンサス会議」[2] で採用された手法である。コンセンサス会議は、社会的に議論を呼ぶ科学技術をテーマとし、そのテーマに利害関係のない公募によって選ばれた市民パネルと、その市民パネルが持つ疑問に対応可能な専門家パネルとの対話を柱として進められる。専門家パネルは、市民パネルが理解しやすいように科学技術の状況について解説し、市民はわからなかったところを「鍵となる質問」としてまとめる。専門家は市民パネルが作成した「鍵となる質問」に解答し、以降両パネル間で質疑応答を含め対話・議論が行われ、最終的に市民パネル

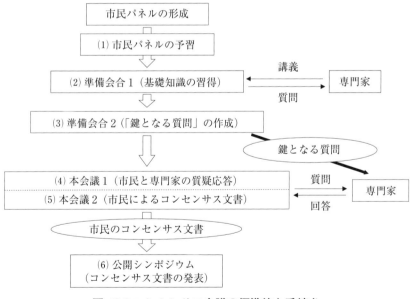

図 12-2 コンセンサス会議の標準的な手続き
（科学技術への市民参加を考える会、2002）

はその科学技術に関して評価を行う。具体的に判断を下すこともあるが、判断を下せなかったことも含め意見をまとめる（コンセンサス文書という）。このコンセンサス文書は公開の場で発表され、世論・政策形成に利用される。**図12-2**にコンセンサス会議の標準的な手続き示す。

2　シナリオワークショップ

シナリオワークショップは、2003年に実施された「三番瀬の未来を考えるシナリオワークショップ」[3]で採用された手法で、現在は、生態系・歴史・文化などに配慮した建築計画やまちづくりへの市民参画の場などで活用されている。

シナリオワークショップの特徴は「予想される典型的な未来の姿」が複数（通常4つ）のシナリオとして予め用意されることによって、参加者が与えられた課題について議論しやすいように工夫されている点である。シナリオはジャーナリストや専門家によって作成され、4つのフェーズを経て評価される。前半の2つのフェーズは利害関係者・役割（産業界・NGO・行政当局・被影響者等）毎に行われる「役割別ワークショップ」と呼ばれ、シナリオを

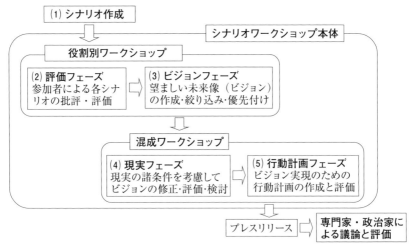

図 12-3　シナリオワークショップの標準的な手続き（若松、2010 をもとに作成）

批評し論点に優先順位をつける「評価フェーズ」、望ましい未来像（ビジョン）をつくり絞り込みを行う「ビジョンフェーズ」から構成される。後半の２つのフェーズは立場を離れ一緒になって議論が行われる「混成ワークショップ」と呼ばれ、ビジョンについて様々な条件を検討して評価・検討・優先選択を行う「現実フェーズ」、ビジョンを実現するための具体的な行動プランを策定して公表する「行動計画フェーズ」から構成される（藤垣、2008）。シナリオワークショップの標準的な手続きを図12-3に示す。

第５節　コンセンサス会議・シナリオワークショップの教育活用

　科学技術ガバナンスの担い手にはどのような資質や能力が必要なのか、これを明確にすることはできていない。しかし、科学技術の社会問題の具体的な事例を知り、考えて意思を決定し、議論して合意を形成する経験を通して感じることや身に付くことも多く、体験しながら科学技術ガバナンスの視点を養うことも有効である。そして、教育の場でこのような経験をさせるにあたって、実際の科学技術政策の形成過程への市民参加の場で、専門家と非専門家間の議論を醸成させるために活用されている実用性の高い手法である、コンセンサス会議やシナリオワークショップが有用な支援策となる。整理された議論や問題解決に向けて意思決定・合意形成を図る活動を行ううえで、定型化された手法の存在は有効であると考えられる。しかし、これらの手法の手続きのすべてを教育の場で行うのは現実的ではないので、各手法の特徴を生かしつつ簡略化したうえで活用する例を次項で紹介する。

1　コンセンサス会議を教育で活用するための簡略化

　コンセンサス会議は、専門的な知見や多様な立場からの意見を聞いたうえで「鍵となる質問」をまとめ、その回答をもとに話し合い、合意できたことやできなかったこと等をコンセンサス文書としてまとめる手法であり、教育で活用する利点として、①事前学習や「鍵となる質問」への回答を通して科

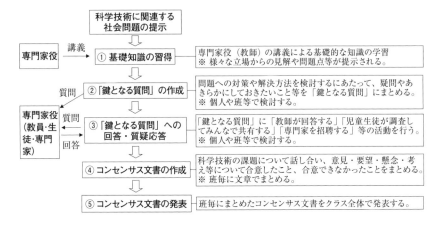

図 12-4　教育活用のために簡略化したコンセンサス会議の流れ

学技術の社会問題の存在を認識して関連知識を得ることができる、②学習・議論を通して科学技術の社会問題への興味・関心を高め、自分ごととして考えることの重要性について認識を深める機会となる、③賛否等の対立が軸ではなく、問題を可視化して共通化を図りながら合意を図る活動が軸となるため、連帯感・仲間意識を形成しながら協働で課題に取り組むことができるなどが挙げられる。**図12-4**はコンセンサス会議の教育の場での活用に向けて簡略化した例である。

　例えば、侵略的外来魚のブルーギルによって在来種が減少している湖沼で、ブルーギルを根絶するために、遺伝子編集技術で卵をつくる遺伝子を抑えた不妊化ブルーギルの導入を検討する事例を考える[4]。身近な湖沼で現実に起こっている外来魚による生態系破壊の問題を生徒に伝え、問題意識を共有したうえで不妊化ブルーギルの導入を検討したいが「遺伝子編集技術」「不妊化ブルーギルによる根絶の仕組み」等の理解が難しいため、興味を抱いても自分ごととして捉えることが難しく、生徒だけでなく教師も科学者・技術者等の専門家に任せればよいとなりがちである。しかし、このような題材もコンセンサス会議を活用することで、教師・生徒がともに考えながら授業を行うことができる。

「①基礎知識の習得」で問題の存在を伝え、基礎的な知識だけでなく多様な立場からの意見等についても紹介する。この概要を説明する専門家役は、担当教員もしくは複数の教員で連携して行ってもよいし、実際に専門家を招聘して行ってもよいだろう。次の「②「鍵となる質問」の作成」では学習したことを整理しながら、わからないことや知りたいことを生徒がまとめる。科学的な質問はもちろんであるが「在来種を保護して生物多様性を維持する理由は何か」「不妊化ブルーギルは他の生物や環境に影響を与えないのか」「人が遺伝子を操作したり環境を変えたりすることは許されるのか」「本当にうまくいくのか、だれが責任を取るのか」など、安全性やリスクや倫理面などの多様な疑問があがるだろう。「③「鍵となる質問」への回答・質疑応答」は、専門家役の教師が行ってもよいし、生徒が分担して調査しその結果を共有してもよい（本やインターネットだけでなく、関係者への訪問や、専門家へのメールなども考えられる）。「鍵となる質問」への回答や質疑応答をもとに、導入の賛否だけでなく条件や懸念事項を含め「④コンセンサス文書を作成」しながら整理し、クラス全体に「⑤コンセンサス文書の発表」をして共有する。発表は、関係者や保護者の前で行ってもよいだろう。

　疑問点を整理しながら学習する。問題の所在を明らかにしながら関心事を調べる。共有したうえで当事者意識を持って考える。このような教育活動を行うにあたって、コンセンサス会議のような手法が指導計画を立てるうえでのガイド・ひな型として活用できる。詳細に設計されたプログラムではないので、生徒の意識や実態に合わせて指導計画を修正しながら進めることができるし、専門家パネルを担当教員・複数の教員・生徒・専門家等にするなど、題材や地域や学校の実状に合わせて臨機応変に工夫しながら取り組むことができるだろう。

2　シナリオワークショップを教育で活用するための簡略化

　シナリオワークショップは、予め用意された複数のシナリオをもとに、4つのフェーズを経てシナリオを比較・検討・再構築・評価・選択する手法で

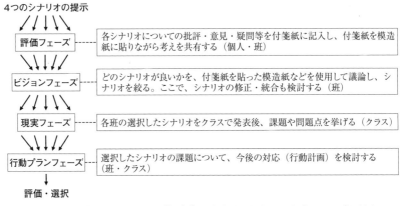

図12-5　教育活用のために簡略化したシナリオワークショップの流れ
（藤垣、2008 をもとに作成）

ある。あらかじめ複数のシナリオが存在することで、①導入が容易でありながら多様な視点から広く深く考えることができる、②状況や課題が可視化されシナリオの修正や統合等を繰り返しながら整理した議論をすすめることができる、③参加者が直接批判・対立することなくシナリオを緩衝材にして議論することができるなどの利点がある。**図12-5**は、シナリオワークショップを教育の場での活用に向けて簡略化した例である。

　例えば、地球温暖化による気候変動が進む未来社会の在り方を考えるにあたって、地球温暖化の仕組みや温暖化防止対策を教え、日々の生活の中で温室効果ガスの排出量を抑える生活スタイルを実践しようと啓蒙するだけではなく、生徒が主体的に考え判断・行動できる機会を設けたい。そういった一連の過程を体験するために、福井・竹内（2016）は、地球温暖化の対策に向けて「行動を強制する（全員を厳しく管理する社会）」「税金で行動を促す（行動しないと損をする社会）」「行動を呼びかける（人々の善意に訴える社会）」「温暖化を受け入れる（地球温暖化を前提にする社会）」の４つのシナリオをもとに、参加者がどのシナリオがよいのか自分の意思を決定し、他者と議論しながら合意形成を図り、行動計画を立てる学習プログラムを開発している。将来の社会の在り方を考えるうえで、何から話せばいいのかわからない時に、

具体的なシナリオの存在が、漠然とした将来の社会の在り方について考え、発言し、話し合う手掛かりになると考えられる。また、時間があれば、具体的なシナリオを生徒自身で作成するところから始めるのもよいだろう。

　筆者は、福島原発事故後に、原子力発電を主力電源化・現状維持・順次停止・即停止などのシナリオを用意して、高校生と未来のエネルギー政策について考える実践を行ったことがある。問題の存在は知っていても何が問題なのか、友人が何を考えているのか、知りたいことをどのように尋ねればいいのかなど、わからないことだらけの生徒が（教師も）、シナリオと定型化された手法の存在によって整理された議論ができたこと、また、伝えたいという思いや関心度が高まったことを経験している。価値観や行動の変容に至ったのか、科学技術ガバナンスの担い手としての資質や能力を育成できたのかと問われれば、いずれも不十分ではあるが、体験の乏しい生徒には現実味のある疑似体験を通して考え、伝え、聞き、話し合う経験は糧となり、社会での実体験につながると考えている。

第 6 節　おわりに

　持続可能な社会の構築、SDGsの達成は対象が大きく漠然としていて、生徒や学校の実態に合わせて教材を選択するセンスや指導計画を立てる力量が必要であり、何から手を付ければよいのか戸惑うことも多いだろう。しかし、科学技術の理解が難しいからといって特定の題材については蓋をして体験する機会が失われてしまえば、知らないことに気付くこともできず、「自分ごと」どころか「人ごと」にもならなくなってしまう。科学技術の理解を目的とするのではなく、科学技術と社会の関係性について価値判断、政治的な判断をするSTS教育の視点は、ESDの推進にあたって重要度が増している。

　本稿で取り上げたコンセンサス会議やシナリオワークショップは、教育活動の中で活用できるかもしれない手法の選択肢の 1 つにすぎないが、教員の指導の手立てを増やして、取り組みへのハードルを下げる一助となり、一人

ひとりが持続可能な社会の担い手、科学技術の公共的ガバナンスの主体であることを自覚するための教育に寄与できることを願っている。なお、本稿にはJSPS科研費20K13983、20K03214の助成を受けた研究成果を含んでいる。

注

（1）内閣府：第2期科学技術基本計画、2001〜第5期科学技術基本計画、2016
　　　https://www8.cao.go.jp/cstp/kihonkeikaku/index5.html
（2）(社)農林水産先端技術産業振興センター：遺伝子組換え農作物を考えるコンセンサス会議報告書、2001
　　　https://www.jataff.jp/project/download/pdf/01-2006051018003523147.pdf
（3）三番瀬の未来像を考えるシナリオ・ワークショップ事務局：三番瀬の未来を考えるシナリオワークショッププレス発表資料等公開ページ
　　　http://www.sys.mgmt.waseda.ac.jp/sw/pre/index.html
（4）国立研究開発法人水産研究・教育機構、三重大学：遺伝子編集技術を用いた不妊化魚による外来魚の根絶を目的とした遺伝子制圧技術の基盤開発、2017
　　　https://www.erca.go.jp/suishinhi/seika/pdf/seika_1_h29/4-1408_2.pdf

引用文献

内田隆『科学技術社会の未来を共創する理科教育の研究』（風間書房、2018年）
科学技術への市民参加を考える会（代表 若松征男）『コンセンサス会議実践マニュアル』（2002年）29ページ
平川秀幸『科学は誰のものか』（NHK出版、2010年）
福井智紀・竹内均「地球温暖化対策に関する意思決定と合意形成を支援する理科教材の開発」（『日本理科教育学会全国大会論文集』66巻、2016年）168ページ
藤垣裕子「市民参加と科学コミュニケーション」（藤垣裕子・廣野喜幸 編『科学コミュニケーション論』東京大学出版会、2008年）250ページ
若松征男『科学技術政策に市民の声をどう届けるか』（東京電機大学出版局、2010年）29〜33ページ

第5部　展望を切り拓く

第13章　SDGs時代におけるESDの可能性

本章は、編者による阿部先生へのインタビュー記録（2021年8月14日）を文字起こししたものである。ご自身の経歴も交えながら、どのように環境教育・ESDに関わってこられたのか語っていただいた。

第1節　環境教育との出会い

——インタビュアーの荻原（三重大学）と小玉（麻布大学）です。阿部先生、よろしくお願いします。

阿部：よろしくお願いします。

——それでは、インタビューいたします。阿部先生は、環境教育そしてESDの道に入られて、今日までけん引されてきたわけですけれども、そのきっかけを簡単にお話しいただきたいと思います。

阿部：私が環境教育に関心を持ったそもそものきっかけは、子ども時代から自然が好きだったということで、その自然体験がベースにあったと思います。私の生まれ育ったところは、自然がとても豊かで、私の父も自然が好きでした。野生動物あるいは植物も含めて日常的にそういった自然と関わっていたことがきっかけで、将来的に野生動物の研究者を目指そうと大学に進んだのです。

　私が育った所は、父も含めて皆さんが冬に出稼ぎに出るというような所でしたが、家の裏山にスキー場ができたことによって、その出稼ぎをしなくても済むようになって、村が経済的に豊かになりました。しかし、その反面、スキー場の開発によって山が丸坊主になり、今まで遊んでいた場所や遊んで

いた生き物たちが消えていくということを目の当たりにしました。いわゆる
環境と開発の問題、それが小学校 4 年生の頃に起きたことだったと思います。
その意味で環境と開発の問題というのが、それ以降、私のテーマになったと
いうことです。

　自然が好きで大学に進んだわけですけれども、そういった中で将来のこと
を考えました。

　1 つは、野生動物の研究者を目指しました。もう 1 つは、自然が好きな子
どもたちを育てるという教職の道に進みたいと思ったのです。当時は環境教
育という言葉も一般化していませんでした。私が環境教育の道に進もうとい
うことを決意したのちに環境教育も進んできたわけですけれども、環境教育、
そのベースの環境と開発という問題、つまり「持続可能な開発」という問題
がその頃から言われていました。

第 2 節　環境教育・ESD に係る 6 つの戦略

——先生は、日本の環境教育、ESD をけん引されるにあたり、どういう戦略
で臨まれて、それをどこまで実現できたのか、また、残された課題は何かと
いうことについて概要をまずお話しいただき、その後一つひとつうかがって
いきたいと思います。

阿部：最初から、この戦略が全てであって、環境教育を進めていきたいとい
うようなことを考えていたわけではありません。その時々で必要な、こんな
ふうにすれば環境教育が広がっていくのではないか、今これが課題なのでは
ないかということを思いながら進めていきましたが、それらのことを今考え
ると、何か戦略的なことがあったのかもしれないという気もしています。

　1 つ目は、小・中・高という学校教育における環境教育をしっかりと組み
込んでいくための環境教育の制度化です。さらには、それらを担保する法律
や法制度の問題、そしてそれらを進めていくために、政府はもちろんのこと
自治体も環境教育をしっかりサポートしていくというような体制づくりが必

要です。

　2つ目は、大学教育を通じて環境教育を広めていくことです。全ての大学・高等教育機関で環境教育の講義が一般的に行われる状況に持っていくことです。

　3つ目は、環境教育を進めていくための組織体やネットワークをつくることです。研究者向けの学会だけではなく、NGOやNPOを含めた環境教育を研究・実践していく組織体を立ち上げていくことです。

　4つ目は、環境教育は学校等のみならず、あらゆる場やステークホルダーが取り組んでいくことが必要です。そういう意味では、非常に大事になる企業等を含めて全てのステークホルダーが環境教育に取り組むような環境教育の社会化が必要だろうと思います。

　5つ目は、環境教育の課題は国際的な課題ですから、国際協力は非常に大事なことです。日本は、環境教育の国際化やネットワーク形成等にしっかりとコミットしていくことが必要だろうと思います。

　最後の6つ目は、時代に応えた環境教育について、私から提言・発信をした取り組み内容を戦略的に進めていくというものです。

――まず、1点目の制度的側面の進め方について伺います。

阿部：たとえば、小・中・高における環境教育の制度化の推進ということでは、1980年代後半の当時、環境教育にぜひ取り組んでほしいと文部省の担当部署に毎年のように陳情していましたが、他に消費者教育などいろいろな課題もたくさんあるという理由から、文部省は環境教育に前向きではありませんでした。その後、日本政府ではなく竹下登元首相が地球サミットへの貢献として、ブルントラントさんを含む主要な人たちを東京に集め、環境に関する国際会議を開催しました。その影響を受けてなのか急遽、環境教育指導資料が作成されました。小学校編、中学校・高校編、事例編の3つで私は事例編（その後、小学校編にも）にかかわりました。時代の要請によって政治家が動いたことで、文部省も作らざるをえなくなったのではと思います。環境教育指導資料が作られて、学校の環境教育にお墨付きがもらえるようになっ

たわけです。

　それまでは、たとえば1987年から始まった清里ミーティングに集まっていた学校の先生たちは、学校の管理職から「環境教育をやるならあなたは学校を辞めなさい」と言われてしまうくらい環境教育に市民権がなかったのです。しかし、1991年に始まる文部省の環境教育指導資料の作成によって、そこまでのことはなくなったと思いますが、やはり、環境教育は校長を始めとした管理職の意向や教師の関心の有無によって左右されることを長年現場で随分見てきました。

　そのような中で環境教育の制度化はなかなか難しかったのです。しかし、2000年代に入って総合的な学習の時間の中のテーマの１つに「環境」が取り入れられたことで、環境教育が徐々に学校現場に入っていきました。その当時、私は文部省や多くの自治体の環境教育の手引づくりにかかわりました。

　その後、2002年のヨハネスブルグ・サミットでのESDの提案を契機に、サミットに参加された国会議員を中心に環境教育に関する法律を議員立法でつくろうという機運が高まりました。それまでも国会で環境教育のことが出るたびに、どのように答弁したらよいのかと関係省庁からヒアリングを受けたこともあります。当時は、環境教育の法律をつくる意義や必然性に関する論調が高まっていなかったのですが、議員立法だからこそ環境教育に関する法律ができたという話なのです。

　一方、「立法事実」との関係で、議員立法にならざるを得なかったために、「環境教育を推進しよう」という意味合いの法律にしかならなかったのです。この点、韓国や台湾の環境教育法は随分違います。とくに台湾などは、年間数時間の環境教育を全てのステークホルダーに義務付けています。そういった意味では、日本の環境教育法はまだまだ弱いという気はしています。環境教育は、主に文部科学省と環境省などで取り組まれていますが、環境教育推進法は、文科省・環境省・経産省・農水省・国交省の５省で取り組むことになっています。

　国交省は河川の環境教育や都市公園の環境教育、農水省は田んぼの環境教

育、経産省は容器包装リサイクル法の環境教育などが縦割りでは取り組まれているのですが、各省庁の横串が通っていませんでした。私は関係省庁になんとか横串を通したいという思いから役所を越えた集まりを何度か行いましたが、その場では顔の見える関係になって皆で一緒にやりましょうという話になっても、各省庁に戻るとまた縦割りになってしまうということの繰り返しでした。ですから、たとえば、環境教育やESDを含めて各省庁の横串を通して継続的に話し合うような場が制度化されなければ、政府全体で取り組んでいくことにはならなくて、同じようなことは自治体でもいえるのではないかと思っています。

——次に、2点目の大学に関連したお話を伺います。

阿部：東京学芸大学が環境教育研究会を立ち上げて、オムニバス的な環境教育の講義をしたことが日本の最初の環境教育の始まりだったと思っています。私が筑波大学から埼玉大学に異動したときに課せられたのは、「情報」という科目でした。そのとき、どうしても環境教育にかかわりたいと思って、採用面接の際にお願いして、講義をつくりました。私が埼玉大学で行った環境教育の講義が日本で初めてかパイオニア的なことだったと思います。そこで、その後私は、環境概論という講義も立ち上げて、徐々に埼玉大の特徴的な講義に育てていったわけですが、当時は大学での環境教育の授業が少なかったため、大学の中にどのようにすれば環境教育を取り入れていけるのかを清里ミーティング等で出会った大学の教員たちといつも話し合いをしていました。大学で環境教育を開講できる下地は、環境教育の制度化と非常に密接に関係していますので、とくに教育学部の場合は、その制度化がなければ、大学の講義は成り立たないのです。

　いっぽう、教育学部以外においては、社会的な背景といいますか、動きが非常に大きいと今は思っています。つまり、環境への取り組みが社会的な1つの動きになっていけば、敏感な大学は、たとえば環境教育を教養科目などに入れこんでいくわけです。90年代には国内外での環境問題への関心の高まりを受けて、さまざまな大学の学部で環境教育の授業が広がっていったと思

います。近年は、担当してきた世代が退職を迎えている中で、環境教育の継続が非常に難しい状況になっていて、これが大きな課題かなと思っています。

——3点目のネットワークについて伺います。

阿部：環境教育を進めていくためには、たとえば研究者であれば、互いの研究について交流して励まし合うような学会などの組織や、環境教育の実践・普及をしていくためのNGO的な組織が絶対不可欠です。そういう意味での環境教育の推進、あるいはネットワーク組織が非常に重要であると思っています。そして、これらのいろいろなネットワークをつくってきたという自負があります。そのネットワークの1つに、1987年の清里フォーラムで出会った大学教員たちと、2年間の準備をかけて1990年に日本環境教育学会を発足させました。

　それまでも、さまざまな学会で環境教育の発表があって、私も他の学会で環境教育の取組を発表したり、学会誌に投稿したりしていましたけれども、そういった学会は環境教育が主たる関心ではなく、one of themつまりトレンドの1つとされていましたので、私は環境教育を主とする学会が必要であると考えて、環境教育学会を立ち上げたということです。

　たとえば、自然保護教育や公害教育などに関連するNGO等はありましたが、環境教育を主にしているNGOはなかった状況で、当初の5年間に清里環境教育フォーラムが行った「日本型環境教育の提案」のプロジェクトが終了したあとに、日本環境教育フォーラム（JEEF）という組織に衣替えをしました。それが日本における環境教育の最初のNGO、ネットワーク組織ではないかと思います。以上のように清里フォーラムに参加して以降、私は、日本型環境教育の提案をして、さらには、日本環境教育フォーラムの理事として積極的に活動をしてきました。

　その後、私は92'国連ブラジル市民連絡会の環境教育担当幹事の立場で1992年の地球サミットにも参加して、日本の環境教育を発信したわけですが、サミットの成果「アジェンダ21」に見られるように、そこでは従来の環境教育から、より広い「持続可能性のための教育」（のちのESD）が話題になっ

ていました。その後、2002年のヨハネスブルグサミットにおいて、同提言フォーラム環境教育担当理事として、「国連ESDの10年」の提案を市民社会から日本政府に働きかけて、さらに、共同でサミットに提案して、それが2005年から2014年の「国連ESDの10年」として国連総会で決議されました。そのとき、NGOの立場で提案したわけですが、それを政府だけに任せてはいけないのではないかと思い、政府のカウンターパートとして持続可能な開発のための教育の10年推進会議（ESD-J）を賛同者と一緒に立ち上げました。当時、ESDに関心を持っていた国連機関を含めた多様なステークホルダー、たとえば、法人、NGO、企業、自治体、大学など広範な組織に加盟していただきましたが、ESD-Jは、まさに日本におけるESDの普及及び国内外のESDの推進に取り組んできました。

　とくに重きを置いたのは政策提言でした。政府に対してさまざまな提言をしていくと同時に、企業に対しても提案をしていきました。そして、日本全国各地で推進していくためのネットワークをつくって活動しました。「国連ESDの10年」において、ESD-Jは国内的な政策提言団体としては、かなり成功した例ではなかったかと思っています。

　この「国連ESDの10年」を通じてESDを推進していくために、政府のESD省庁連絡会議やESD円卓会議、または多様なステークホルダーがESDに取り組んでいくための制度化、ESD推進ネットワーク、ESD活動支援センター、これらのほとんどはESD-Jが提案したものです。そういった意味では、1つの政策提言型組織の見本をつくったと思っています。

――今のお話と関連して、全てのステークホルダーを巻き込んだ環境教育、ESDといった観点で伺います。

阿部：環境教育やESDは学校だけで行うのではなくて、学校教育、社会教育、家庭教育、生涯学習、企業人教育等のすべての場や組織が取り組んでいく必要があります。環境教育をめざす持続可能な社会の変革に大きな影響を与える産業界や企業等の取り組みは特に大事なことですが、日本の企業等が環境教育やESDに真剣に取り組むようになったのは、1992年の地球サミットの

影響が大きいと思っています。

　地球サミットに経団連の代表団の団長として参加された安田火災海上保険の後藤康男社長が帰国後に、環境教育に社として取り組みたいということで社長室から相談を受けました。共に相談された岡島成行さんと私は、市民向けの環境講座を始めることを提案しました。これは今尚継続しています。まさに社長自らがトップダウンで始めて、それを契機に企業とNGOが結び付くということが始まって、それ以来、私は他のさまざまな企業からも環境教育やESDに取り組みたいという相談を受けて、そのアドバイスをしてきています。産業界や企業が環境教育に取り組んだのは、そのトップの人が国際的な動きを肌で感じとる機会が非常に重要であることがわかりました。

　地球サミットを契機に経団連自身も自然保護基金／経団連自然保護協議会を設立して環境教育の取り組みも始めていますが、それも国際的な機運の影響を受けてのことです。生涯学習的なところで環境教育をしっかりと広めていく取り組みは、企業にとってもメリットがあります。つまり、それは社会貢献の1つであって、今ではSDGsに表れるような企業の社会的責任も当然ありますが、企業（人）自身がそれに取り組むことによって新たなビジネスチャンスを得るというメリットがあります。私は、そのメリットを10項目ほどまとめています。企業が環境教育に取り組むメリットを知らせていくことが必要だと考えて、環境教育の社会化を進めてきました。

――今のお話と深く関連して、環境を考えないと国際社会は動かなくなってきていると思います。その中で日本が果たしていくべき環境教育の役割やコミットメントについて伺います。

阿部：1980年代、福島要一先生などが環境教育の国際会議を日本に誘致されました。福島先生は、日本の公害教育を含めた環境教育を世界に広めようとご尽力されていたのですが、日本の環境教育は、まだ世界に知られていないという状況でした。1992年の地球サミットで、日本の環境NGOが初めて大同団結して、現地の「ジャパン・ピープルズ・センター」で、毎日朝から晩まで日本の環境の状況を知らせるということを行いました。そのときに、私

はNGOが一緒にまとめた日本の環境の状況についての英文レポートの最後に日本の環境教育の現状と課題の項を入れこんで配布することができました。これは、おそらく環境教育を含む日本の環境の状況をNGOの視点から世界に初めて広めた機会ではなかったかと思っています。その後は、言葉の問題などによって日本の環境教育は国際化できない、世界にアピールの機会がなかなかないと言われている状況で今日まで続いていますが。

　私が直に国際ネットワークにかかわるきっかけになったのは、地球環境戦略研究機関（IGES）の設立のときでした。村山富市首相が国際環境研究所を設立したいということで、私は環境庁が設けた懇談会の委員として設立準備にあたり、設立後には環境教育研究プロジェクトのリーダーを3年ワンタームで2期6年間務めました。そのときは、IGESがアジア太平洋地域における環境保全戦略をつくることを目的としていたので、アジア太平洋地域（25ヶ国）を対象に「持続可能な開発のための環境教育戦略」をプロジェクトの目的としました。そのときに、アジア太平洋諸国の政府機関や環境部門、そして、ASEAN等の地域における環境機関、国連機関、そういった多様な機関やNGO等と親交を深めました。そのような中で、とくに公害教育を含めた日本の環境教育の経験を知らせていくことは非常に大事なのだということを知りました。

　IGESでの取り組みはその後国連ESDの10年にもつながっていくわけです。国際的な環境教育の初期から続く重要なネットワークとして、IUCNの教育とコミュニケーション委員会（CEC）がありますが、そこではとくに北東アジアの担当執行理事として関わって、その地域での環境教育をどのようにしていくかを関係者と話し合っていくことがありました。実は世界の各地域に環境教育を進める政府レベルの組織がありますが、IGESの活動を通じて残念ながら、北東アジアにはそれがないということがわかりましたので、政府に対して、北東アジアでの環境教育のネットワークをぜひつくってほしいと提案したのです。タイミングよく、日中韓環境大臣会議（TEEM）が1999年に設立されました。TEMMは、3カ国共通の環境の課題について話し合い、

そして解決策を探るというものなのですが、そこには汚染やビジネスなどいろいろな部会があります。その 1 つに環境教育の部会として、TEEN（Tripartite Environmental Education Network）を2000年につくってもらいました。TEENには日中韓の政府、企業、NGO、教育者等の環境関係者が集まります。他の大臣会議は政治問題ですぐに止まってしまうのですが、TEEMは継続して行われています。これは中国も韓国も日本の環境の取り組みをリスペクトしているということの表れであって、これは非常に大事なラインなのです。

　TEENは日中韓の環境教育のネットワークですが、私はそこに台湾やモンゴルなどを含めた東アジアのネットワークをつくりたいと思っているのですがまだかないません。また、日本の環境教育の発信としては、JICAを通じた国際協力がありますが、その中には青年海外協力隊があり、環境教育の職種があります。私は長年、この技術専門員としてサポートしてきました。また、協力隊を通じた環境教育／ESDをアジア太平洋地域にどう広めるかを長年アドバイスもしてきました。今の北東アジアだけではなくて、東南アジアや南アジアにおける環境教育のネットワークとして、特にユネスコ本部とバンコク事務所等を通じて、環境教育やESDを広めていくための非常に太いパイプも当時つくりました。ただし、これらには継続的にかかわっていかなければ持続できないという問題があります。その中で、ESD-J等を通じたアジアのESDネットワークとして、AGEPPやANNEといったネットワークをつくって、継続的に交流をしてきました。しかし、こういったことには資金面のことが大きな課題です。そして、学会を通じた国際ネットワークということで、私が日本環境教育学会の会長のときに、アジア太平洋、環太平洋の学会として、韓国・台湾・オーストラリア・北米の学会と連携協定を結び、それをきっかけに学会レベルでの交流も始まっています。

――最後の柱の「発信」について伺います。

阿部：「人と自然との関係」の問題をどのように解決するかが環境教育の始まりです。私は「人と自然との関係」の改善をめざす狭義の環境教育に対し

て、「人と自然」、「人と人」、「人と社会」との関係を改善する教育を広義の
環境教育として90年代に提唱しましたが、これはESDに他なりません。一方、
環境・社会・経済という持続可能な開発の3要素で構成される持続可能な社
会の土台は環境なので環境教育はESDの土台といえます。

　一昨年（2020年）から順次施行されている新学習指導要領の総則に「持続
可能な社会の創り手」の育成が盛り込まれたことで、ようやく小中高校のす
べてでESDが取り組まれることになりました。国連もSDGsのすべての目標
を達成するためには人づくりとしてESDが必要であるとESD for 2030を2019
年の総会で決議しています。これらのことをESDはもちろん、環境教育にと
っても追い風としてとらえて、「環境」の視点からSDGsに切り込んでいく
「ESD」として環境教育を位置づけ発信することに努めています。

第3節　若い世代へのメッセージ

——最後に、若い世代への期待について伺います。

阿部：先ほど、これまで取り組んできた戦略を6項目にわたってお話ししま
したけれども、残された課題はまだたくさんあります。たとえば、学校の環
境教育の制度化でいえば、学校が忙しい中で、どのように環境教育の時間を
担保できるかなど、いろいろな課題があるということです。省庁連携も一過
性に終わってしまっているため、継続的にしっかり連携するような仕組みを
つくる必要があります。環境教育に関連する組織である学会やNGOなどは、
ボトムアップで、しっかり横串を通して推進していこうということを政府等
に常に働きかけていく必要があるのではないかと思っています。そして、環
境教育やESDは非常に学際的な内容で、それに関連する研究や発表をしてい
る組織はたくさんできてきましたので、今後は、それらが協働する機会を常
態化していくことが必要なのではないかと思います。そうすることによって、
環境教育やESDに対する社会的な関心を維持・喚起していくことができるの
ではないかと思っています。そういうことがまだ常態化できていないので、
ぜひ、そういった働きかけを行っていきたいと思っています。

　環境教育やESDは、これからの若者が育っていくうえで不可欠です。しかし、大学の講義等において、担当教員がしっかり担保されていないという問題があります。その解決のためにも、全ての教育機関で環境教育を開講するような仕組みをつくっていくことが必要ではないかと思っています。国際化については、今までは属人的な取り組みでしたが、ICTやオンラインなどを含めたいろいろな改善によって、国際会議等の言葉の問題（障壁）もある程度解決され、より国際的な取り組みに参加する環境教育者が増えています。

　日本の取り組みを国際的に発信していくと同時に、国際連携・協働を進めていくことが今後必要になってくると思います。これらのことを進めていくためには、デジタルネイティブを含めた若い人たちが、しっかりとSDGsの取組みに参加していただくことが必要です。とくに現在の気候危機を含めた問題では、1970年代と90年代にあった第1・第2の環境ブームから50、30年がたち、今は第3のブームにあると私は思っています。この待ったなしの第3の環境時代を私たちはどのように乗り越えていくのかといったときに、クライメイト・マーチ（Climate March）に参加する世界の若者が多く現れてきたことはとても心強く、若者の参画と同時に世代を越えた連帯が必要なのだろうと思います。

　日本の環境教育、ESDがやり残した大きな課題として、市民性教育（シティズンシップ教育）の問題があると思います。グレタ・トゥンベリさんが、なぜあそこまで頑張れたのか、あるいは、なぜ世界の若者がグレタさんに応えて動いたのかを考える必要があると思うのです。いっぽうで、活動している日本の若者は非常に少なくて、なぜ少ないのだろうかといったときに、日本の若者たちは未来に希望を持っていない、あるいは、自分たちには社会を変える力がないと思っているのではないかということです。私はそんな若者たちに、「そうではないよ」と言いたいです。私たちは、なぜ、そういう若者を育ててきたのだろうか……。直近の世界9か国の18歳の若者の国際比較調査（日本財団）で、日本の若者の結果を見ると悲しくなります。環境教育、ESDを通して、自分たちが主体的に社会参画して未来をつくることができる

ことを伝えない限りは、環境教育、ESDを推進する意味がないと思っています。

　私は、「TEMMユースフォーラム」という日中韓の若者たちの環境フォーラムを時々コーディネートしていますが、そこで出会った若者たちに「You are future（あなたがたが未来）」「You are our hope（あなたがたが希望）」という言葉を贈っています。日本の若者に「あなたがたが未来」と言っても、「未来はないじゃないか。先が見えない未来を押し付けられても困ってしまう。勝手にそんなことを言わないでほしい」と言われるかもしれません。そうではなくて、持続可能な未来を一緒につくっていこうという勇気づけも含めて、あなたと一緒に私も頑張っていくという呼びかけなのです。そのときに、社会を変えていく力を身つけていく、それがまさに環境教育、ESDだと思っています。

　以上です。

──阿部先生は、立教大学をご退職されていらっしゃいますが、学会や省庁との関係では、環境教育の第一線でのリーダーとして引き続きご活躍なさっていかれるお立場ですので、今後ともわれわれに対してご指導を賜れば幸いです。今日は本当にありがとうございました。

阿部治立教大学名誉教授　足跡

■ 生い立ち

・1955年新潟県塩沢町（現、南魚沼市）生まれ。幼少時代から自然が好きで将来は
野生動物を保全することを仕事にしようと大学で野生動物保護管理学を学び、
クマ・シカ・カモシカなどの調査に従事する中で、自然保護教育・環境教育に
関心を抱き、環境教育の道に進む。以降、当時は知られていなかった環境教育
の普及と日本における環境教育の構築に努めると共に日本の環境教育を海外と
つなぎ、環境教育国際ネットワークの構築や環境教育の発展形であるESD（持
続可能な開発のための教育）の提案・推進に従事。現在は特にESD for 2030の
具体化、ポストコロナ社会でのグリーン・リカバリー、地域循環共生圏、気候
変動、生物多様性保全などと連携した環境教育／ESD、さらに自治体レベルに
おけるESDによる地域創生、SDGsのローカライズに従事。

■ 現在

・立教大学名誉教授・同ESD研究所員、青森大学客員教授、（NPO法人）持続可能
な開発のための教育推進会議（ESD-J）代表理事、（公社）日本環境教育フォー
ラム専務理事、日本環境教育学会関東支部長、IUCN教育・コミュニケーション
委員会委員、（株）日能研顧問、公益信託サントリー愛鳥基金運営委員、茨城県
環境アドバイザー、他、政府・自治体・企業・NGO等の委員

■ 受賞歴

・TEMM ENVIRONMENT AWARD（2015）、環境省環境保全功労者表彰（2017）、
日本自然保護大賞沼田眞賞（2020）

■ 略歴

（1）大学・研究機関
・国立特殊教育総合研究所研究員、筑波大学技官、筑波大学専任講師、埼玉大学助
教授、国際マングローブ生態系協会客員研究員、IGES・客員研究員（環境教育
プロジェクトリーダー）、立教大学教授、同ESD研究センター長（後に研究所長）、
国立環境研究所客員研究員、国立特殊教育総合研究所客員研究員、千葉大学客
員教授、国立国会図書館客員調査員、Griffith University Visiting Resercher,
Uppsala University Visiting Resercher。非常勤講師（兵庫教育大学、青森大学、
大阪外語大学、鳥取環境大学、東京大学、筑波大学、東京農工大学、立教大学、
上智大学、駒澤大学、東北大学）を、歴任

（2）学会等

・日本環境教育学会事務局長、同理事、同会長、日本エコミュージアム研究会理事、環境経済政策学会理事、日本野外教育学会理事、日本環境会議理事（現、顧問）、日本学術会議自然保護研連委員、同環境学委員会特任連携会員をはじめ多くの学会で委員等を歴任。

（3）社会的活動

・ESD活動支援センター長、ESD円卓会議委員、ESD世界の祭典推進フォーラム代表理事、ツバル青少年友の会会長、日本自然保護協会理事、日本ネイチャーゲーム協会理事、科学教育研究会理事、環境生活文化機構理事、環境庁中央環境審議会専門委員、文部省生涯学習審議会専門委員、建設省河川審議会委員、埼玉県環境審議会委員等、環境教育に関連する160以上の委員を経験。

■ 経歴

1955：新潟県塩沢町（現、南魚沼市）で生まれる。

1979：東京農工大学農学部環境保護学科卒業

1982：筑波大学大学院環境科学研究科修士課程修了

1982：国立特殊教育総合研究所視覚障害教育部研究員

1982：筑波大学学術情報処理センター技官

1986：第14期日本学術会議自然保護研究連絡委員会環境教育小委員会幹事、第16期同研究連絡委員会委員、第20・21期同環境委員会特任連携会員、第24期同KLASICA小委員会委員歴任

1986：筑波大学心身障害学系専任講師

1987：清里環境ミーティング（翌年から清里環境教育ミーティング）に参加、実行委員就任。日本型環境教育のビジョンづくりに奔走

1988：埼玉大学教育実践研究指導センター助教授、日本の大学の学部で初めて教員単独による講義「環境教育」開講

1989：初めての環境関連国際会議（第41回国際捕鯨委員会、於：サンジェゴ）に参加。以降、気候変動や生物多様性、環境教育に関する数多くの国際会議に参加

1990：日本環境教育学会設立、常任運営委員、1991年から事務局長、理事（国際交流委員長、研究委員長など）、2009年会長、環太平洋諸国の4学会とMOU締結し国際交流を活発化。現在、関東支部長

1992：日本環境教育フォーラム（JEEF）設立。理事、常務理事を経て、現在、専務理事。特に国際担当として海外事業並びにネットワークの構築に従事

1992：地球サミット参加、92' 国連ブラジル会議市民連絡会環境教育担当幹事として「日本の環境教育」を作成し、現地で配布。終了後は市民フォーラム2001理事として活動

1995：米国政府が推進した環境教育プログラムであるGLOBEプログラムのカントリーコーディネーター（環境庁）

1998：地球環境戦略研究機関（IGES）環境教育プロジェクトリーダー（～2004）アジア太平洋地域（25カ国）を対象とした「持続可能な開発のための環境教育戦略」の策定を行うと共に同地域の環境教育ネットワークを構築

1999：JICA専門家派遣（環境教育、インドネシア、2002年同）、2003年青年海外協力隊環境教育職技術専門委員就任、アジア太平洋地域の案件調査、さらにJICA全体での環境教育推進の仕組みづくりに従事

2000：日中韓環境大臣会議（TEMM）の中に日中韓環境教育ネットワーク（TEEN）を提案・設立、2015年TEMM ENVIRONMENT AWARD受賞

2001：IUCN－CEC北東アジア担当執行委員、2003年からCEC委員

2002：政府と共に国連ESDの10年（2005-14）の提案をヨハネスブルグサミット・バリ準備会合にて発表し、ヨハネスブルグサミット提言フォーラム環境教育担当理事として連続シンポを開催

2002：立教大学社会学部・同大学院異文化コミュニケーション研究科教授

2002：ヨハネスブルグサミットに提言フォーラム代表・JEEF代表として参加。ESDの10年に関する連続シンポやWSなどを開催。ESDシンポジウムをJEEFとIUCN－CEEで共催。ESDの10年は同年国連総会で決議。

2002：ヨハネスブルグから帰国後、日本政府のカウンターパートとしてESDを進める市民組織設立準備会を設立し、準備会運営委員長に就任

2003：持続可能な開発のための教育の10年推進会議（ESD-J）設立し運営委員長（後に代表理事に改称）

2003：愛知万博 ESD事業「地球市民村」のアドバイザー、政府関連の初めてのESD事業

2005：日本初のESDステークホルダー会議開催（於、立教大学）、政府によるESD円卓会議の設置につながる。

2006："4th World Environmental Education Congress" Scientific Committee 委員、6th（2010）同委員、10th（2019）招待基調講演（すべて日本人として初めて）

2006：ESD-J、AGEPP（Asia Good ESD Practice Project）～2008、アジア6カ国（日本、韓国、中国、インド、フィリピン、インドネシア）との共同プロジェクト。ESDのアジアNGOネットワーク

2007：立教大学にESD研究センター（後、ESD研究所に改称）を設立し、ESDに関する教育、研究、産官学民のステークホルダーによる国内・国際のネットワークを構築

2007：国連本部で開催されたCSD-15でESDの報告

2007：HESD（高等教育におけるESD）フォーラム（高等教育機関のESDネットワーク）を設立し、代表

2008：HESD国際シンポジウム開催（於、立教大学）

2008：ESD世界の祭典推進フォーラム設立、代表理事。「国連ESDの10年」地球市民会議を2009年から2014年まで開催し、日本での最終年会合とポスト10年に向けた産官学民の協働取り組みを推進

2008：国連ESDの10年中間年会議（於、ボン）UNESCO "World Conference on Education for Sustainable Development: Moving Into the Second Half of the UN Decade" International Advisory Committee　委員　Mr. ESDやfarther of ESDと呼ばれる

2008：ESD議員連盟設立に尽力

2009：国会図書館客員調査員として同図書館のサステナビリティ研究プロジェクトを推進

2010：生物多様性条約COP10（名古屋）にて、CEPA×ESDセッション共催

2012：リオ＋20にて公式サイドイベント：" Message from Asian NGO Network on ESD（ANNE）- Role of NGOs in Empowering the Local Community for Sustainable Development "開催。ESD as a Driver of Change towards a Green Economy（インドCEE主催）、Forest, Livelihoods, and Green Economy, and Focuses on Environmental Education（台湾政府系組織主催）にて招待講演

2014：ESD-Jが多様なステークホルダーと連携し、ポストESDの10年に向けた宣言と政策提言「地域が牽引するこれからのESD」を発表。ナショナルセンターの設置を提案

2014：ユネスコによるESDの10年最終年会議（名古屋）にて、公式サイドイベントを開催

2014：日本政府主催のESDの10年フォローアップ会合の実行委員長

2015：国連持続可能な開発目標（SDGs）4・7に日本政府・NGO関係者と共にESDをインプット

2016：立教大学大学院社会学研究科教授

2016：ポストESDの10年会議 "International Conference Education as a Driver for Sustainable Development Goals"（アーメダバード）にて招待講演

2016：ナショナルセンターとしてESD活動支援センターが設置され、センター長としてESD推進ネットワークの構築に従事

2016：ESD研究所がESD地域創生連携協定を対馬市、飯田市などと結び、アクションリサーチを開始

2016：ESD地域創生国際シンポジウム開催（7カ国）

2018：第一回全国ESD自治体会議を開催（翌年からESD/SDGs自治体会議）

2018：ESD研究所内にESD地域創生研究センターを設立

2018：立教大学総長補佐として大学の社会連携システムとSDGs推進体制を構築

2020：対馬市SDGsアドバイザリーボード委員

2021：日能研顧問、豊島区教育委員会学校SDGs推進アドバイザー、すみだ水族館
「AQTION」アドバイザー等としてSDGsの推進に従事

■ 訪問国

アジア：韓国、台湾、中国、モンゴル、タイ、シンガポール、ベトナム、カンボ
ジア、マレーシア、インドネシア、ブルネイ、スリランカ、バングラディッシュ、
インド、ネパール、ブータン（16）

ヨーロッパ：イギリス、フランス、ドイツ、イタリア、スペイン、オランダ、ベ
ルギー、スイス、ポーランド、チェコ、バチカン、デンマーク、スウェーデン、
フィンランド（14）

アフリカ：エジプト、ジブチ、ケニア、南アフリカ（4）

オセアニア・太平洋諸国：オーストラリア、ニュージーランド、フィジー、サモア、
バヌアツ、トンガ、ツバル、キリバス、パラオ（9）

南北アメリカ：アメリカ、カナダ、キューバ、コスタリカ、パナマ、エクアドル、
ブラジル、ボリビア（8）

計51カ国

※環境教育やESD関連のみならず、サミットやIWC、気候変動、生物多様性など
に関する国際会議やUN、ASEAN等の会議に参加、国内外で環境教育/ESDの国
際会議を主催

おわりに

　「持続可能な社会のための環境教育」シリーズを阿部治先生とともに監修
させていただき、本書が10巻目となる。本シリーズで最初に刊行されたのは、
実は第1巻ではなく第2巻『自然保護教育論』（2008年8月）であった。その
後、『現代環境教育入門』『学校環境教育論』『ESD入門』『環境教育と開発教
育』『入門　新しい環境教育の実践』『大都市圏の環境教育・ESD』『湿地教育・
海洋教育』『学校一斉休校は正しかったのか？』と巻を重ねて、とうとう監
修者の阿部先生が定年退職される年となり、その退職記念論文集として刊行
されるのが本書である。

　とはいえ、本書が単に阿部先生の業績を振り返り、その足跡を記録するも
のにとどまらぬことは、その構成から明らかであろう。シリーズの刊行が始
まった頃にはまだなかったSDGsがキーワードとなり、環境教育だけでなく
SDGsの教育的意義を先取りしたESDを、いまふたたび「社会変革」のキー
ワードとして位置づける本書は、環境教育とESD及び「SDGsの教育」に関
する優れた入門書である。2011年の東日本大震災と福島第一原発事故、そし
て2020年から現在にいたる新型コロナウイルス感染症（COVID-19）のパン
デミックと、1000年に一度、100年に一度の危機に直面している私たちに、
持続可能な社会を実現するための行動の猶予はほとんどない。直ちに理解し、
実践することが求められているのである。

　グレタ・トゥーンベリさんに象徴される気候変動対策に対する若者の異議
申し立ては、持続可能な社会へのシフトに消極的な私たちの世代への痛烈な
批判であるとともに、大きな希望となっている。本書の執筆者の多くは、阿
部先生の指導や薫陶を受けながら育ってきた次の世代である。こうした世代
が、さらに若い世代を育て、協力しながら目の前の危機をどう克服するのか。
私たちの世代の責任の取り方も含めて、まさに人類が歴史に試されているの
である。

　ホロコーストを生き延びたエリ・ヴィーゼル（ノーベル平和賞受賞者）は積極的行動主義に関して次のような言葉を残している。「絶望にめげることなく、そして絶望しているからこそ希望を持たなければいけないのです。絶望に勝利させてはいけません。わたくしは世界が教訓を活かしているとは思わない。しかし、その事実に気づかぬふりをしているわけにはいきません。そもそもわたしは絶望というものを認めません。やみくもに信じる、という言い方があります。私たちに必要なのは、やみくもに信じることだと思います」（下線は引用者）。そして、「こう伝えてください。できることはまだたくさんある。そして、できることなのだからしなければいけない、と」と講義を締めくくる（アリエル・バーガー『エリ・ヴィーゼルの教室から』白水社、2019年）。

　私も若い世代の意見と行動を「やみくもに信じたい」と思う。10年前に幼かった世代が、気候変動や脱プラスチックなどの環境問題に大きな危機感を抱いているのである。エリ・ヴィーゼルは、学生たちに次のように語っている。「学びのため、質問のため、出会いのためにわたくしたちがこの場へ一堂に会することになった様々な誘引を考えてみてください。あなたたちはわたくしに希望と誠実さ、そして知識と意味を探求する姿勢を示してくれた。お互いの声を聞くために、お互いから学ぶために二人の人間が相寄るところには希望があります。そこに人間性が生まれ、平和がめばえ、気高さが生じるのです。相手を尊重するつつましい所作のなかに、耳を澄ます態度のなかに。希望とはお互いに与えあうことのできる贈り物です」（前掲書）。次の世代、その次の世代、未来の世代を「やみくもに信じる」姿勢を貫きながら、私たちは若い世代に何をどのように伝えれば良いのだろうか。その一つの試みが、「SDGs時代の教育」を問う本書であろう。

　とはいえ、論文集という体裁をとる本書には、十分に書かれないことも多い。その一つ、「厄災の教育」と呼ばれる考え方のなかに、私たちは若い世代との対話の一つの可能性を見出すことができる。「厄災（やくさい）」とは災害にとどまらず戦争や環境汚染をも含むものであるため、その裾野は極めて

広い。「厄災の教育」は、破局に抗する市民の形成という社会的次元と、受苦の思想やケアや他者への倫理といった臨床的人間学的次元の二重の教育課題をもつとされる。私たちは自らの失敗や後悔も含めて、「厄災」にともなう負の「記憶を伝える」という行為を続けなければならないのであろう。環境問題に強い危機感を若者がもつ一方で、10年前の苦い記憶が若者に引き継がれているとは思えない。それはちょうど、個人の記憶と深く結びついていた「遺品」が、その人の記憶とともに忘れ去られ、一つの「商品」として扱われるようになることに似ているのかもしれない。かつて「〈3・11〉と向き合う教育実践」は、3つの問いと向き合わなければならないと述べたことがある（朝岡幸彦、2013年）。①なぜ東日本大震災によってあれほど多くの犠牲者と被害が生まれたのか。②私たちは東日本大震災によって失われたものとどのように向き合うべきなのか。③どのように東日本大震災とこれから起こりうる大規模災害を次の世代に伝えていくのか。戦争体験も、公害被害も、さらに震災の被災体験も時間とともに当事者が去り、記憶は薄れ、そのリアリティも失われていく。犠牲者・被害者・被災者とともに「厄災」と呼ばれる出来事そのものが、「忘却の穴」のうちに消滅させられてしまう事態に直面する。だからこそ、「記憶を伝える」ことを教育学にどう位置づけるのかという提起は重要な意味をもつのであろう。

　2017年2月18日付の朝日新聞夕刊に「考えて　避難した子の思い」との見出しで、日本環境教育学会が作成した『授業案　原発事故のはなし』（2014年、国土社）を活用して「いじめ」について考えようとの記事が載った。この授業案づくりのきっかけは、2011年5月に全村避難の準備を進める福島県飯舘村で、「避難した子どもたちが避難先でいじめられている」と地元の人たちから聞かされたからである。日本環境教育学会は、阿部会長（当時）の緊急声明「福島第一原発事故によって避難した子どもたちを受け入れている学校・地域のみなさんへ」（2011年5月20日）を発表して、「いじめ」の理不尽さと避難した子どもたちの苦しみや悲しみを「分かち合う」ことの大切さを訴えた。そして、2011年度大会（青森大学）で特別分科会「原発事故と環境教育」

を開催するとともに、授業案「原発事故のはなし」作成ワーキンググループを組織した。このグループは、授業案集を作成・公表し、2014年に『授業案 原発事故のはなし』を刊行した。この授業案は8ヶ国語に翻訳されて、学会のウェブ（https://www.jsfee.jp/general/npp-and-ee/123/309）にアップされている。

　大学生を対象にした授業でもこの本はテキストとして使われ、子どもとして原発事故を経験した学生たちが、世代を超えて「太郎君の悩み」をどのように共有できるのか興味が持たれた。しかしながら、この教材を学生たちにアレンジさせて大学生同士の授業にしたところ、太郎君をとりまく同級生・教師・父母などのロールプレイの後に、同和問題における「差別」を考え、最後に「女性専用車両は差別か」を議論するという展開で、学生たちは大いに盛り上がった。太郎君への「いじめ」を、安易に他の差別や「いじめ」と同列に扱って学習することが良いとはいえない。原発事故で避難した子どもたちへの「いじめ」について考えることは、実際に「いじめ」にあっている子どもの心情や環境を具体的に想像し、理解することが必要であり、「いじめは悪いよね」という一般的な結論で終わっては、これからも太郎君が生み出され続けるのではないだろうか。こうした原発事故による被災者や避難者の状況に対する想像力が、事故の記憶とともに失われつつあることに注意しなければならない。

　本書が私たちの世代と若い世代の対話の契機となることを期待したい。

2022年春

朝岡幸彦（監修者）

◆執筆者紹介◆

第2章

高橋　正弘（たかはし・まさひろ）

大正大学社会共生学部教授。博士（環境学）。地球環境戦略研究機関（IGES）、マレーシア国サバ州科学技術室（JICAボルネオ生物多様性・生態系保全プログラム長期派遣専門家）を経て、現職。環境教育の制度化プロセスや自然再生事業に係る環境教育の研究に取り組んでいる。

第4章

増田　直広（ますだ・なおひろ）

鶴見大学短期大学部講師。修士（教育学）。公益財団法人キープ協会環境教育事業部客員主席研究員。都留文科大学／日本大学非常勤講師。立教大学ESD研究所客員研究員。専門は環境教育、インタープリテーション、持続可能な地域づくり。環境教育指導者養成や幼児環境教育を通した持続可能な地域づくり支援に関わることが多い。

第5章

冨田　俊幸（とみた・としゆき）

開智国際大学教育学部准教授。修士（教育学）。茨城県立高等学校及び茨城県公立小中学校教員（茨城県霞ケ浦環境科学センターへの派遣を含む）を経て現職。専門は、学校における環境教育、環境学習施設における環境学習、持続可能な開発のための教育（ESD）。環境学習の評価、ESD−SDGsの評価ツールの作成に取り組んでいる。

第6章

森　高一（もり・こういち）

立教大学大学院異文化コミュニケーション研究科博士前期課程修了。環境コミュニケーションプランナーとして、国や地方自治体、企業の事業に携わり、都市型環境教育施設の計画・運営、参加体験の場づくりなどを手掛ける。NPO法人日本エコツーリズムセンター共同代表、立教大学、大妻女子大学等で講師を務める。

第7章

加藤　超大（かとう・たつひろ）

公益社団法人日本環境教育フォーラム（JEEF）事務局長。大学卒業後に青年海外協力隊（職種：環境教育）として中東・ヨルダンの派遣を経て、2014年よりJEEFへ。バングラデシュやインドネシアなどでの海外事業に携わり、2019年11月より事務局長に就任。

第8章

太刀川　みなみ（たちかわ・みなみ）

立教大学社会学部卒業、同大学大学院異文化コミュニケーション研究科博士前期課程修了。修士（異文化コミュニケーション学）。新卒でNPO法人ビーグッドカフェに就職。企業や行政と連携し、大人から子どもまでを対象とした環境教育や啓発、場づくりを担当。2021年8月より日本環境教育学会事務局次長（特任業務執行理事）。

第9章

飯沼　慶一（いいぬま・けいいち）

学習院大学文学部教育学科教授。大阪教育大学教育学研究科理科教育専攻修了、立教大学異文化コミュニケーション研究科博士後期課程単位取得退学。
成城学園初等学校で23年間小学校教員を務めた後現職。専門は環境教育・生活科教育・理科教育。特に低学年の自然教育や総合教育の歴史研究や小学生向けの教育実践に取り組んでいる。

第10章

高橋　敬子（たかはし・けいこ）

未来のためのESDデザイン研究所代表。修士（異文化コミュニケーション学）。数百以上の環境教育事業に携わり、子どもから高齢者、日本人から外国人までを対象とした幅広い教育企画を実施している。2021年2月刊行の「GEO-6 for Youth（第6次地球環境概況 ユース版）（UNEP）」でグッドプラクティスを行っている世界の環境教育者として紹介された。

第11章

萩原　豪（はぎわら・ごう）

高崎商科大学商学部准教授。博士（農学）、修士（政治学）。立教大学・鹿児島大学等を経て現職。専門はエネルギー環境教育、環境政策、地域研究（台湾）、観光まちづくり。近年は温泉などの地域資源を利活用した持続可能な社会の構築と観光まちづくりに関わる研究と教育実践に取り組む。

第12章

内田　隆（うちだ・たかし）

東京薬科大学生命科学部准教授。博士（教育学）。協同乳業株式会社，埼玉県立高校理科教員を経て現職。専門は理科教育，科学教育。科学技術の社会的課題について生徒主体で意思決定・合意形成を図る授業の開発，児童対象の科学・工作教室などに取り組んでいる。

監修者／第13章
阿部　治（あべ・おさむ）
立教大学名誉教授、元日本環境教育学会会長

監修者／おわりに
朝岡　幸彦（あさおか・ゆきひこ）
東京農工大学農学研究院教授、前（一般社団法人）日本環境教育学会会長（代表理事）

編者／第1章
荻原　彰（おぎはら・あきら）
三重大学教育学部教授、博士（学校教育学），長野県立高校教諭を経て現職．人口減少社会の教育の在り方や河川教育・海洋教育の研究に取り組んでいる。

編者／第3章
小玉　敏也（こだま・としや）
麻布大学生命・環境科学部、環境保健学研究科教授。博士（異文化コミュニケーション学）。埼玉県公立小学校教員を経て現職。専門は、学校での環境教育、持続可能な開発のための教育（ESD）。

持続可能な社会のための環境教育シリーズ〔10〕

SDGs時代の教育：社会変革のためのESD

定価はカバーに表示してあります

2022年3月31日　第1版第1刷発行

監　修	阿部 治／朝岡 幸彦
編著者	荻原 彰／小玉 敏也
発行者	鶴見治彦
	筑波書房
	東京都新宿区神楽坂2-16-5　〒162-0825
	電話03（3267）8599　www.tsukuba-shobo.co.jp